中環一筆叢書

第1輯

沉默不螺旋

陳莊勤 著

太平書局

「中環一筆」叢書第 1 輯

沉默不螺旋

作　　者：　陳莊勤

責任編輯：　Amy Ho

封面設計：　Cathy Chiu

出　　版：　太平書局

香港筲箕灣耀興道3號東匯廣場8樓

發　　行：　香港聯合書刊物流有限公司

香港新界荃灣德士古道220-248號荃灣工業中心16樓

印　　刷：　盈豐國際印刷有限公司

香港柴灣康民街2號康民工業中心14樓

版　　次：　2021年 7 月第 1 版第 1 次印刷

ISBN 978 962 32 9353 2

Printed in Hong Kong

「中環一筆」叢書總序

都說歲月有痕。香港正處於百年未有之大變局。順應歷史潮流的變革是一種必然。

世上很多變革往往是被迫發生的，包括觀念的變革。任何一個事物的變革，巨大的動力在於迫切需要變革的人。香港走到變革的今天不容易。這種艱難度，香港人最清楚。

變革，就是不同於昨天，不重複今天。變革中的問題，只能透過繼續變革來解決。不斷的變革，才有不盡的活力。變革的時代，提供了發揮能力的機會，也提供了對能力的挑戰。

立足大視角，變革新香港。跳出香港看香港，跳出當前看長遠。這是本叢書第一輯、第二輯共 10 位作者的共識。

自 2014 年 7 月，零傳媒國際有限公司牽頭成立「中環一筆」評論小組，邀請香港媒體界、教育界、司法界、財經界等專家，每週撰寫關於香港時政的評論文章。他們扎根在各自的專業領域數十年，建樹良多。7 年來香港經歷了一系列的動盪，從非法佔中、雨傘運動再到 2019 年的反修例風波，他們一直堅守前線，筆耕不輟。

2015 年以來，零傳媒已先後出版了《香港傘裏傘外博弈》、《血色旺角前世今生》、《回歸 20 年 —— 香港浴火重生》、《香港超越內耗》、《香港拒絕傲慢與偏見》、《香港顏色密碼》、《衝破香港黑夜的曙光》等 7 本相關評論文集，在海內外傳遞出強有力的聲音。當時間走到 2021 年，《香港國安法》已經實施，完善選舉制度條例刊憲，香港迎來一個新的變革契機，我們覺得需要為每一位作者的思考，專門結集出版。

這 10 位作者及其作品，分別是雷鼎鳴《龍鷹相搏 —— 香港看到的中美政經關係》、楊志剛《花開瘟疫蔓延時》、陳莊勤《沉默不螺旋》、屈穎妍《支離破碎的世界》、陳文鴻《港人的家國觀和世界觀》、阮紀宏《來生再寫中間派評論》、劉瀾昌《港人為何未能治港》、何漢權《教育，過眼不雲煙》、潘麗瓊《黑暴未了，真兇是誰？》、江迅《嬗變香港》。

感謝太平書局為此套叢書精心設計，如您將整套書擺放在一起，在書脊處會見到香港地標中環的完整海岸線，我們謹以此向各位作者致謝。

我們共同期待大變革下，香港會越來越好。

序言

〈沉默的螺旋〉及〈再談民調〉是我在 2014 年 2 月發表的文章，當時的香港，在經歷 2012 年「反國教」風波，特區政府向當時不為人察覺但已形成的反政府勢力屈服後，已呈現弱勢政府下，社會聲音一面倒。少數人的歪理充斥，大多數理性的人噤若寒蟬，沒有人敢對來勢洶洶的歪理反駁，形成少數人的歪理展現為沒有人反對的道理。社會上理性聲音沉默消沉，沉默的螺旋由是形成。

本書《沉默不螺旋》主要收集了我在 2016 年至 2018 年發表的文章。2016 年初香港年輕人的躁動不安隨着農曆新年旺角暴動、暴徒暴力襲擊警察，為日後的更大規模暴力埋下了伏線，而主導了香港社會話語權的泛民政黨政客以歪理包庇暴力，學者以精心設計的民調引導民意，以至政府及建制派均對歪理噤若寒蟬，任由歪理橫行，沒有敢以常理與正常人的同理心，為正常人的道理和為被抹黑了的政府發聲。

本書收錄的文章在沉默螺旋向下沉、理性聲音消沉的社會背景下發表。這些文章主要在《亞洲週刊》及《零傳媒》網上發表，這些文章連同其他仍秉持為理性發聲的作者的文章，在噤若寒蟬的沉默漩渦中，發揮微薄的力量，拒絕讓理性聲音沉沒，共同發聲扭轉這沉默下沉的螺旋。

陳莊勤

目 錄

沉默的螺旋

港大民意研究計劃 2014 年 1 月份網上公佈，特首的最新評分是不足 49 分的 48.9 分，立法會議員田北辰的評分是 52.6 分。

每次看到民意調查機構公佈市民對特首、主要政府官員及政治人物的民調評分的報道，說某某有 50 分以上及格、某某有 50 分以下不及格的時候，我總有兩個疑問（一）這評分的分數是如何計算出來的？（二）除了簡單的一個 49 分或 52.6 分的分數外，還有沒有更能反映真實民意的民調結果表達方式？

有了這兩個疑問，我上網查看了港大民意研究計劃及中大亞太研究所民調計劃的網站，希望找出這些對特定對象進行民調計算評分的方法。發現公開的資料中列出了提問問題內容、抽查電話訪問人數、回答的人數及給予評分的人數，然後公佈結論評分是多少分。但兩個大學的民調計劃都沒有列出計算出最終評分的計算程式。

世界民意研究學會（World Association for Public Opinion Research，簡稱 WAPOR）網站中所列出的 WAPOR 專業操守中，就關於民調報告列出了每個完整的調查報告應該包括的 14 項闡釋，其中要求報告除了需包括（d 項）抽樣方法、類型及程序；（f 項）回應率、拒答率；還需包括（g 項）詳細描述報告內數據的評計程序，包括成功樣本數目及用作調整原始數據的加權程序（a description of estimating procedure (if any) and/or weighting procedures used to adjust raw data）和（h 項）詳細描述所應用的調查方法（a full description of the method employed in the study）。

為此，我分別於去年 12 月及今年 1 月兩次向兩間大學的民調 / 民研計劃發電郵，查詢對進行民調計算評分的計算程式和在哪些渠道可以找到公佈的計算程式。

港大民意研究計劃沒有回覆我的電郵，中大亞太研究所民調計劃在收到我的第二次電郵後回覆了我，就我的提問，亞太研究所民調計劃的回覆是這樣的：

以評分數（rating）計算的變項，例如對特首、三位司長、特區政府管治班子整體表現評分。變項的量度為 0 至 100 分（0 分為最低至 100 分為最高，50 分為及格，分數愈高表示表現愈好）。評分的指標以平均分（即算術平均數 arithmetic mean）表示，其公式為（見圖）。

$$\bar{x} = \frac{1}{n} \sum_{k=1}^{n} x_k$$

亞太研究所的回覆中說明受訪者說「好難講 / 不知道」的及「拒絕回答」的會被扣除不計算。

民調詢問要求受訪市民評分的題目是：「請你用 0 至 100 分評價你對特首梁振英嘅支持程度，0 分代表絕對唔支持，100 分代表絕對支持，50 分代表一半半，你會畀幾多分特首梁振英呢？」從中大亞太研究所的回覆，我的理解是簡單來說，評分是評分數總和除以給予評分市民的總數得出的一個平均數 (arithmetic mean)。

對於這樣的評分程式而得出的評分 (rating) 作為具結論性評分，我覺得並不全面，甚而會出現偏差。

我大膽舉個例，假設某一次民調對特首的評分為不及格的 49 分。而假設這次民調有 1 000 名被抽中的市民回應 及給予了不同的評分。為舉例目的，假設這次民調中 40% 的人給 50 分，20% 的人給 70 分，10% 的人給 80 分，另外卻有 20% 的人只給 35 分，更有 10% 極端不滿意特首的人給 0 分。那麼計算下來平均分只有 49 分，被評為不及格，但如果從給分的人數分佈來看，可以看到給 50 分或以上評及格的人數卻是佔總納入計算人數的 70% (表一)。

假設例 (一) 平均分 49 分，評及格人數比例：70%				
0 分	35 分	50 分	70 分	80 分
10%	20%	40%	20%	10%

我又大膽舉另一反例，假設某一次民調對特首的評分為及格的 52.6 分，而同樣假設這次民調有 1 000 名被抽中的市民回應及給予了不同的評分。為舉例目的，假設這次民調中 40% 的人給予不及格的 49 分，有 20% 的人給 35 分，10% 的人給 20 分，同樣有 20% 的人給 70 分，但卻有 10% 超級「梁粉」給 100 分。那麼計算下來平均分達到 52.6 分，被評為及格，但如果從實際給分的人數分佈來看，可以看到給予 50 分或以上、評及格的人數卻只佔總納入計算人數的 30% (表二)。

假設例(二)平均分52.6分，評及格人數比例：30%				
20分	35分	49分	70分	100分
10%	20%	40%	20%	10%

在一般人心目中，50分這及格分具有非常重要的象徵意義。但單公佈民調受訪市民評分的平均分而不公佈實際不同評分人數分佈的比例，絕對是一個不完整的民調結果公佈；至少，沒有不同評分人數的分佈，使得單一數字的評分失去了應有的意義。極端情況，還可能出現如上述舉出的假設例子的誤導情況。

這些民調結果以評分來表達可能出現的不全面很少人提出，但這些定期公佈的評分卻同時在塑造人們的思想導向和判斷，變成了民調本身並不單單在反映民意，也同時在以定期公佈評分來塑造民意。我不敢把民調評為如一位專欄評論員所說「民調機器多已淪為泛民暗器」(1月19日《東方日報》)，但民調機構保持中立的重要性是不言而喻的。然而事實卻是港大民意研究計劃受「和平佔中」秘書處委託舉辦「『和平佔中』商討系列」，但同時又進行對和平佔中的民意調查，那我感覺有問題了。就如今天香港主流報章當中很多記者既參與「和平佔中」，同時又在每天加上個人立場來報道「和平佔中」。報章的公信力隨之下降是必然的。這垃圾現象就如曾在1972年揭發水門事件的美國《華盛頓郵報》記者伍德沃德(Bob Woodward)所說：

''There is a garbage culture out there, where we pour garbage on people. Then the pollsters run around and take a poll and say, do you smell anything?''

我不是學者，也不是寫專欄的評論員，我只是一個口痕筆癢的律師。因此，在寫這篇文章時曾與一些朋友討論。我的一些朋友對我說，「你這樣挑戰權威、挑戰已深入民心的固有觀念，肯定會有人把你圍攻」，因而勸我還是不寫為好。

那使我想起 2012 年 9 月我寫了一篇質疑反國民教育運動中，究竟是政府在意圖洗腦抑或是一些人已在對年輕人進行洗腦的文章。那篇文章刊出後在網上廣為流傳並且被圍攻，一位無綫電視的記者打電話給我，說我的文章觀點另類，與媒體一面倒的指國民教育為洗腦的並不一樣，要求我接受訪問。我拒絕了，並且問這位記者，真的沒有人與我觀點相同的嗎。這位記者對我說他問了一些學者，確有不少學者也持與我相同的觀點，但這些學者對這位記者說因為怕觀點公開後會被人圍攻，而竟然沒有一位敢接受無綫電視這位記者的訪問，說出他們心目中的觀點。

新的一期《亞洲週刊》因為《明報》換編輯的事而這樣說：「面對《明報》換編輯事，許多人採取沉默態度，許多人不敢說話，正因為香港的政治氣氛被冷戰心態綁架，只准許與自己立場一樣的聲音，嚴重剝奪人們的政治自由，製造『寒蟬效應』……白色恐怖的寒蟬效應，也使不少學術界與媒體人不敢吭聲，認為會被毒罵，尤其是在網絡上，會被那些可能只是少數激進的憤青所包圍毒舌一番。」

我想，我親身從無綫電視這位記者聽到的和《亞洲週刊》的觀察，說明了近年來社會上輿論一面倒的原因。

曾任世界民意研究學會（WAPOR）1979 至 1980 年會長的德國社會科學學家 Elisabeth Noelle-Neumann，在 1974 年時提出了「沉默的螺旋」（Spiral of Silence）理論。「沉默的螺旋」理論的主要概念是：如果人們覺得自己的觀點是公眾中的少數派，他們因恐懼被孤立或攻擊而不願意表達自己的看法，而如果他們覺得自己的看法與多數人一致，他們會勇敢的說出來。而且媒體通常會關注因一些人多言而形成的多數派的觀點，漠視因比較少人說而變成少數派的觀點。於是少數派因恐懼被孤立而聲音愈來愈少，多數派的聲音愈來愈大，形成一種螺旋式上升的模式。

在主流媒體一面倒地反政府的時候，媒體和香港所有政客不論泛民抑或建制，均只一味攻擊政府而從不對政府做對了的事公開表示肯定、人們也因恐懼被孤立而沒有人敢對政府做對了的事說半句肯定話的時候，我悲觀地相信「沉默的螺旋」正應驗在現今的香港社會，白色恐怖的寒蟬效應在慢慢地迫使純良的大多數人們變得冷漠。

香港大學學生會最近尋回失去了的 1970 及 1980 年代的學生會評議會會議紀錄。從紀錄中他們不難發覺那些年頭，反共民主派學生提出對共產中國「愛之深、責之切」「是其是、非其非」。這些當年民主派學生不少是當今泛民及支聯會的頭頭。但似乎今天他們對中國、對香港只有「非其非」，甚而是譁眾取寵地「非其是」而沒有了「是其是」的雅量、胸襟和 honesty。我想沒有一個政府所做的會是全錯而沒有一樣是對的。但在泛民口中，政府卻是一無是處。我很迷惑。扶貧、雙辣招壓抑樓價、覓地助年輕人置業、停止雙非、打擊奶粉水貨保障本地母嬰權益，這些現政府的政策全都是對的。泛民不但沒有「是其是」，聽到的更是政治學博士公民黨陳家洛先生，為了攻擊梁振英先生而將梁振英先生與在 1989 年被羅馬尼亞人民推翻、不足三天便被秘密審訊及連同太太一起被秘密處決的獨裁者壽西斯古相提並論。這種譁眾取寵之言不單不倫不類，簡直是離譜地因個人不喜歡梁振英先生，便對人不對事以執行私刑對付倒台領袖的外國例子來在香港散播鼓吹仇恨。

也許，泛民這些 totally undignified 的不倫不類離譜言論已講得太多太久了。香港今天那一面倒的為博出位而刻薄、非理性和不饒人的輿情，並不反映香港社會仍然理性溫順敦厚的主流民情。應該是有更多人站出來點出這些荒唐行為、扭轉那「沉默的螺旋」的時候了。

有一句很多人認為是 18 世紀英國政治家 Edmund Burke 所說的名言：

''The only thing necessary for the triumph of evil is for good men to do nothing.''

香港絕不容任何人透過抽廣告來控制媒體，但同時需要更多敢言的人站出來，打破近年來被那些譁眾取寵的政客、早已具政治立場而失掉客觀中立和公信的學者和媒體在輿情中製造的「沉默的螺旋」。

（原刊於 2014 年 2 月 8 日《明報》）

篇後記：

這篇文章刊出日是星期六，那天早上我在辦公室接到董建華特首時代的律政司司長梁愛詩女士的電話，說我的文章寫出了香港社會當前面對的問題，鼓勵我多寫。接着的幾天後，一些報章的評論說我這篇文章引起了建制陣營的注意，在建制陣營廣傳及發起學習。

再談民調

上文〈沉默的螺旋〉中提及，有關現時兩間大學的民意研究/民意調查計劃中有關特首、主要官員及政治人物的民調評分方式，可能並不能真實反映民情，引起了社會一陣子的廣泛討論。我在上文中提出兩點：(一) 50 分作為及格分在一般人當中有重要的意義；(二) 平均分的計算受不正常部分極端高或低的給分影響最後計算所得的平均分。

我在報章看到最近港大民意研究計劃在 3 月 11 日公佈特首評分時，同時公佈了受訪者分別給予及格 50 分以上及不及格 50 分以下的人數，公佈的數據印證了我在拙文〈沉默的螺旋〉中，所提出可能出現的極端高分或極端低分扭曲或影響整體平均分數這一論點。港大民意研究計劃這次特首評分是 47.5 分；但這次前所未有額外公佈的數字顯示 998 個受訪者中給予特首 50 分以上的有 615 人，給予不及格 50 分以下的有 383 人 (引述 3 月 15 日《星島日報》報道，很遺憾我沒有軟件開啟港大民意研究計劃網站上的原件)。換句話說，給予及格分數的人數是佔總受訪人數的 61.8%，給予不及格分數的人數佔總受訪人數的 38.2%。這樣的結果與多年來兩大民研/民調機構，定期公佈以平均分均多數低於 50 分所顯示的民情相去甚遠。從這次難得額外公佈的數字看，這次調查中有 91 個極端不喜歡特首梁振英先生的人給了特首 0 分，極端喜歡他給他 100 分的有 29 人。單從這些數字已可以看出，整體平均分受這些極端分數影響的情況非常明顯，究竟這樣的以平均分來評分是否能充分反映真實民情？如果不能，這樣的以平均分來對被評目標人物評分是否還有價值？

一直以來，對兩間大學的評分式民調結果公佈，不論報章或一般市民都以 50 分為重要指標。現在面對質疑，港大民意計劃鍾庭耀先生卻說將 50 分視作正面評分，會令資料不平衡（3 月 16 日《明報》），那甚麼分才算是正面評分？定甚麼才令資料平衡？作為普通人，我不懂這些平衡數，我只知道 50 分是及格分，我看事實，事實是經計算的是全體受訪者給梁振英先生平均分是 47.5 分，低於 50 分；但事實也是實際給予梁振英先生高過 50 分的人數佔受訪者的 61.8%，這樣的大幅差距的落差，竟然與我在拙文〈沉默的螺旋〉中的其中一個大膽假設不謀而合。這說明了平均分評分雖然是中性中立，但在反映民意上並不可靠。

港大民意計劃掌握了原始受訪者給分分佈的資料在過去一直不公佈，現在公佈了，面對港大民意計劃民調給的不及格評分，誤導了根本有超過 61% 的受訪者給及格 50 分以上分數的質詢，鍾庭耀先生說 50 分代表中間數字，並不代表及格；鍾先生說根據統計學原理，50 分只是一個中性分數，任何將 50 分定為及格的分析並不正確（3 月 16 日《新報》）。作為一個不懂統計學的普通人，我對鍾先生的說法感到詫異。我只知道 50 分是及格分，我相信絕大多數市民對 100 分中拿了 50 分不等於及格分數的說法必然感到詫異。以前鍾先生沒說民調評分 50 分不等於及格分，現在被質疑才這樣說。那麼，在過去很長時間以來每次港大民意計劃公佈評分，各大報章都大字標題說特首梁振英先生不夠50分不及格時，為甚麼那些時候鍾先生不第一時間澄清47分或48分不等於不及格、50分也不等於及格而任由報章不斷誤導公眾？到現在被質詢才說？

如果根據鍾先生這樣說，統計學上50分不代表及格，那麼80分也可以不代表及格、30分也可以不代表不及格。簡單來說，若50分、30分、80分這些數字完全是中性的、不代表及格不及格的，是不是等於說這些分數是沒有評價意義的？如果真的如此，以分數作為民調向受訪者索取的原始資料和以分數作為公佈結果表達還有甚麼意義？這些數字還能反映甚麼民意？這樣的連甚麼是及格分的評分都說不清楚的民調不單沒有意義，對被評目標人物也並不公平。

不過，有一點比較有趣的是，中大亞太研究所同樣民調的問題是：「我想問你對現任行政長官梁振英表現作出一評價。咁整體嚟講，以0分為最低分至100分為最高分，50分為及格，你會畀特首梁振英整體表現幾多分呢？」明顯是以50分為及格分的。我想兩間大學的民調機構應該作一次學術討論，看看究竟民調評分50分是如中大亞太研究所所認為的代表及格抑或如鍾庭耀先生所說將50分定為及格的分析並不正確。

過去每次評分公佈，鍾先生都以一大堆理由解讀梁先生的評分，解析為甚麼上次49分這次47分。解析中從來沒有說的是，梁振英先生只有47.5分是因為民調評分被91位（約佔受訪總人數9%）給0分及29位（約佔受訪總人數3%）給100分的極端受訪者騎劫拉高或拉低了。

以評分來公佈民意調查結果，易被極端受訪者騎劫，固然對被評目標人物不公平；平均分不反映任何一個受訪者實際意見，對受訪市民來說也不公平。舉個例說，我給梁振英先生 60 分，我的太太給他 70 分，我的女兒給他 40 分；在以平均分公佈的民調結果中，我的、我太太的和我女兒的評分被納入計算得出了平均分，可以是 52 分，也可以是 47 分，但我們實際給的分數沒有被反映顯示在任何公佈的民情給分分數的組別中。公佈的平均分只是顯示民調機構計算出來的分數，並不顯示任何一個受訪者給的分數。

其實，這樣以公佈平均分評分的民意調查是民調機構所說的滾動調查，對特首是每半個月公佈一次，對官員及政治人物是每個月一次。公佈評分不單是經計算民調資料結果的公佈，也是塑造和引導民意的工具。可以想像，各大媒體在剛公佈經計算得出特首的評分後，被抽中的市民接着便已經接到民調機構的電話問他「請你對特首梁振英的支持度給予評分，0 分代表你對他絕對不支持，100 分代表絕對支持，50 分代表一半半，你會給多少分給特首梁振英？」客觀上說，這位市民連環收到的資訊就等同於是有人問他「剛剛公佈計算到特首梁振英的評分是 47.5 分，請問你會給他多少分？」這樣含蓄的引導，經年累月長期進行，必然產生某一種效果。

我個人意見認為，這樣的以評分為答案的調查，然後以平均分為最終結果的民意調查得出的結果，並不可靠。

我上網查看過外國（特別是美國）一些對政治領袖的民調，

發現特點是幾乎所有的民調（一）均只用簡單直接及聚焦的問題；（二）要求的答案也很簡單；及（三）公佈出來的結果也原汁原味，毋須加工計算。

以在美國對奧巴馬總統的民調而言，各大媒體及民調機構的題目類同，甚而是幾乎一樣的。例如 Fox News Poll、NBS News、Bloomberg National Poll 及 Wall Street Journal Poll 進行民調的題目是：

"Do you approve or disapprove of the job Barack Obama is doing as President?"

ABS News、Washington Posts、CBS News、New York Times、CNN、Gallup Poll、USA Today 及 Time Poll 的題目是：

"Do you approve or disapprove of the way Barack Obama is handling his job as President?"

而上述的所有民調機構給予受訪者的答案也只有 3 個：

(1) Approve；(2) Disapprove；(3) Not Sure

除了調查美國民眾對美國總統的整體評核外，也有一些聚焦的政策問題，讓美國民眾評核美國總統在那些問題上的表現，例如：

"Do you approve or disapprove of the way Barack Obama is handling the economy?"

"Do you approve or disapprove of the way Barack Obama is handling the foreign policy?"

除政策外，也有更深入聚焦於某一些單一事件的，如最近烏克蘭危機，便有民調機構詢問美國民眾：

"Do you approve or disapprove the way Barack Obama is handling the situation in Ukraine?"

這些問題，廣如美國總統的整體表現，狹如總統在烏克蘭危機中的處理，要求受訪者的答案也非常簡單直接：

(1) Approve；(2) Disapprove；(3) Not Sure

這樣簡單直接的民調，受訪者只需要在答案中聚焦地以事論事3選1，而不是在100個答案中憑印象和喜好與憎惡選其中一個數字。更重要的是這樣的民調得出的數字結果毋須閉門加工計算，民意便很簡單直接地以百分比顯示出來了。我不明白為甚麼香港不能以美國那樣的同樣方式進行民意調查？

如我一直所說，我不是學者，恕我愚昧，我在網上找了多遍，找不到有其他國家或地區以類似香港目前兩所大學民調機構，採用那種評分計分方式的政治領袖民調方式。為甚麼在香港對政治領袖的民意調查需要用這樣的經加工計算的評分方式？作為普通人，很多人都告訴我，經過加工的東西不如原汁原味的好。

或者，有人會說，香港對特首、政府官員及政治人物的民調並不在反映民眾對特首、政府官員及政治人物處理政策上的認同或不認同，而在反映民眾對特首、政府官員及政治人物的觀感評分。那便有問題了。因為這樣的民調變成了不是在要求受訪民眾就政府政策或表現表達意見；而是以受訪者接收到對特首、政府官員及政治人物的各種有根據或無根據的評論、指摘，甚而指控作為評分的參考，然後作出受訪者自己的評分。這樣的民調，並不聚焦反映市民對政局與政府政策的民意。

又或者，有人又會說，那些聚焦就某政策、某一領域的民調並不能反映民眾很單純的對政治領袖的觀感和印象。但又看看美國的例子，他們的民調中，其中一條便是單純地問受訪者對美國總統的觀感和印象的。他們這樣問：

"Would you say Barack Obama is honest and trustworthy or not？"

答案同樣直接簡單：

(1) Is；(2) Is Not；(3) Not Sure

不用受訪者評分、毋須民調機構複雜地閉門計算分數、不拿平均數，每一個受訪者的意見在公佈的民調結果中都有他們的位置。而香港的平均分評分民調呢？

我的美國律師朋友一直不滿意奧巴馬的政策，在美國，她被抽中受訪評價奧巴馬總統的話，她的意見會被反映在 3 個答案其中一個的公佈百分比中。在香港，我的、我太太的和我女兒的評分代表 3 種民意，若被抽中受訪評價特首梁振英，3 種以分數表達的民意在香港的民調中會被納入計算，但完全沒有被反映在公佈的只有一個分數的結果中；這樣的民意調查，還算不算是在反映不同民意？還是只反映民調機構計算出來連甚麼算是及格也說不清的分數？

（原刊於 2014 年 3 月 20 日《明報》）

檢討丁屋政策刻不容緩

最近一宗發展商與11位新界原居民的「套丁」案中，對一直以來在新界非常普遍以「套丁」方式操作興建「丁屋」出售，法庭罕有地以串謀詐騙地政署判處相關的發展商及參與的原居民罪成並判囚。法庭的判決引起新界原居民的強力反彈。代表原居民權益的新界鄉議局公開聲言準備與政府對簿公堂，甚而不惜尋求人大釋法以維護他們所說《基本法》規定保障的新界原居民權益。

所謂「丁屋」，亦即殖民地時代港英政府在1972年時仍主要為鄉郊農村的新界開始推行的「新界小型屋宇政策」下興建的屋宇。政策原意是1967年暴動後，殖民地政府為拉攏新界原居民對政府的支持而推行。政策賦予在1898年已居於新界的男性原居民及其男性子孫（丁）可以毋須補地價向政府申請在擁有的農地上興建一幢三層27呎（8.22米）高、每層700平方呎的屋宇。

「丁屋政策」的原意是供新界原居民在自己擁有的農地申請建屋自用，故政府批准建屋的條款規定，屋宇建成後，在辦妥補地價手續，並由地政署發出書面證明確認批准建屋的條款均完全符合（俗稱「滿意紙」）前，丁屋是不能出售或轉讓的。相關的買賣及轉讓限制，類似港府興建供較低收入人士購買自住的「居者有其屋」，但限制較「居屋」為寬鬆。

然而，隨着香港人口激增、物業市場急速蓬勃發展，原為安撫解決新界原居民居住問題的丁屋政策，迅速轉變為在新界另一類房屋供應及市場的政策基礎。

從數字看，自 1972 年政策開始到 2011 年，地政署批出的興建丁屋申請累計達 36 912 宗。但若以 1997 年香港主權回歸中國為界，1997 年前每年平均批出的宗數為 841 宗，1997 年到 2011 年每年平均批出宗數為 1 168 宗。反映出近年申請興建丁屋數字的增長。而依新界鄉議局估計，擁有申請建丁屋權利（丁權）的男性新界原居民達 24 萬。

英國在 1898 年通過《展拓香港界址專條》或稱「第二次《北京條約》」從清廷獲取新界土地及超過 200 個離島的 99 年租期後，在 1899 年聘任英軍印度籍測量師對界限街以北新界土地作全面測量。經過三年的測量，確認了約 550 條村落，劃出 35 萬個已測量地段，分為 400 個分區；每一分區內的地段地界、業權人及所擁有地段一併詳細列於同一分區的「集體官契」，確定原居民在新界相關地段的業權。當年測量了的 35 萬個地段中農地共佔 33 萬個農地地段，屋地只佔 2 萬個地段。除了「集體官契」列出業權人的土地外，其他在新界的土地一律成為政府土地。

隨着第二次世界大戰後人口激增、工業起飛，市區土地不敷應用，開發新界土地變成必然發展。一些發展商看準了這一趨勢，便大量在新界向原居民購入農地，等待政府收地賠償或獲取換地權益。新界原居民的農地便開始被收集集中在發展商手上，形成男性原居民「有丁權無丁地」的現象。有地無「丁權」的發展商便通過有「丁權」的男性原居民發展丁屋出售圖利，並成為極為普遍的情況。

「套丁」在法律上出現問題的關鍵是，用作興建丁屋的土地必須是由丁權人擁有並向政府申請興建三層高的丁屋，並且須聲明承諾「從未與任何人士訂定任何安排或協議，以轉移、轉讓、處置或其他方式處理他對該地段的權利，包括但不限於依據政府批予的任何批約或批准發展該地段的權利」。

而眾所周知的事實是以「套丁」發展丁屋的土地實益業權人根本並非名義上擁有土地的「丁」，而是實益擁有土地的發展商把土地掛在「丁」名下為名義業權人。發展商會以發展商名義在丁屋還沒有建好時已在市場推出發售，在丁屋建成手續辦妥後由名義業權人的「丁」將丁屋業權轉讓給買家。而這些交易，發展商均會規定購入建成丁屋的買家須就買賣協議保密及不能將協議在土地註冊處登記，直至丁屋建成、補地價手續辦妥和地政署發出了「滿意紙」，有關買賣才浮上檯面成為正式買賣。

從購入土地、申請建屋、出售丁屋、申請補地價及「滿意紙」，均由發展商以「丁」的名義進行操作，出售「丁權」的「丁」在丁屋上的利益只是從發展商那裏收取發展商向他收買「丁權」的費用。

「丁屋政策」由為新界男性原居民提供建屋自用的優惠政策，變成了為一些男性新界原居民提供一生一次以特殊世襲身分賺取金錢利益的機會，早已偏離了政策的原意。新界鄉議會把這種1972 年才出現對男性原居民的優惠政策，說成是原居民對新界土地的權益，迴避了的事實是：政策提供給男性原居民權益的前提是原居民必須自己擁有土地或向政府申請批出土地，而不是把自己的名字有償借出掛在並不屬於自己的土地上。

新界原居民興建丁屋自用，相信廣大市民並不反對；市民反對的是丁屋政策的異化使丁屋政策成為一些新界原居民出售「丁權」的政策基礎。這種把具特殊世襲身分借出圖利的「套丁」安排，涉及了 2 個公平原則的問題。

第一，因世襲而獲得特殊身分的原因，便可以享有這 24 萬人以外的人都不能享有一生一次獲取金錢利益的權利，有違公平原則。

第二，政府為解決較低收入市民住屋問題興建供指定組別市民購買的「居屋」，轉讓受到嚴格限制，包括指定年期內不可轉讓的嚴格限制。為甚麼原為解決原居民住屋問題而設的丁屋，可以在建成後有關的「丁」根本住也沒有住過便可以立刻補地價轉讓的特權？

「套丁」不是丁屋政策的原意，而只是異化成為向「丁」輸送金錢利益的安排。

曾經有研究指出丁屋政策只是殖民地時代在特定時空的過渡性安排 (interim measures)。這種過渡性安排一執行便 40 多年。根據香港一個智庫「思匯」(Civic Exchange) 在 2015 年發表的研究報告指出，單是仍然等待批出的 91 700 個丁屋申請需要的屋地便有 11 到 12 平方公里土地，相等於香港土地面積的百分之一。作為比較香港特區政府在 2014-15 財政年度以拍賣和投標賣出用作興建住宅和商業樓宇的土地才只有 0.34 平方公里。有「丁權」的後代不斷繁衍，新界根本沒有可能提供足夠土地讓政策無止境地繼續下去。早年參與丁屋政策制訂的前布政司鍾逸傑先生早在 2012 年時已經說過丁屋政策會因土地不足而要劃上句號。

沒有規劃下興建只有三層高的丁屋散落新界不同地區，從土地資源運用的角度上看，是嚴重浪費珍貴的土地資源。現行的丁屋政策必須全面檢討，檢討的方向應包括研究興建多層式丁屋的可行性，以及進而為「丁權」的行使權利及「丁權」制度存續劃線。

在 2002 至 2007 年任地政總署署長的劉勵超接受電視台訪問時透露，政府早於 10 年前曾檢討丁屋政策並完成報告，惟報告疑在原居民壓力下未能面世。

取而代之的是政府逃避了直面問題：有報道說特區政府曾經在 2006 年及 2007 年把「套丁」操作中出售「丁權」的「丁」為了申建丁屋而必須向地政署作出虛假聲明的行為非刑事化。現在新界鄉議局以此為理由要求政府以行政方式處理「套丁」問題，實際便是要讓個別人以欺騙違法方式圖利的行為，通過行政上的包容而繼續下去。

在城鄉已一體化、土地資源匱乏的香港，「丁屋」是否仍應存在，實在有必要立刻開始嚴肅檢討。在「丁屋」存廢社會上未達共識前，政府必須做的是通過對建屋申請非常嚴格的審查使政策回歸原意 —— 為有住屋需要的原居民建屋自用提供政策上的支持，而非讓政策成為部分人利用世襲特權，通過欺騙方式謀取金錢利益的途徑。

（原刊於 2016 年 1 月 17 日《亞洲週刊》）

支持推行律師統一執業試

我家在港大何鴻燊運動場附近，很多時候乘車外出，在專線小巴上都會遇見港大的學生。大概一年多前有一天黃昏在港大何鴻燊運動場外上了小巴，一同上車的有 10 多位剛從運動場出來坐車回大學本部的港大學生。

學生們在車上高聲談話，夾雜現今大學生難免的粗口談話中，發現他們都是就讀法律學院本科四年級和法律專業證書（PCLL）課程的學生。他們談及大學法律本科畢業升讀 PCLL 因為僧多粥少而比較困難。他們把升讀 PCLL 機會減少的原因，歸咎於大學近年大量招收為具有非法律本科學士學位的人開辦的法學博士（Juris Doctor, JD）課程的畢業生，同樣可以報讀 PCLL 課程。

他們談話內容很有意思，他們說大學為了增加收入紛紛開辦收費高昂的 JD 課程，同時為了保持 JD 課程作為升讀 PCLL 途徑的市場吸引力，刻意預留相當部分 PCLL 學額給 JD 的畢業生，因而使留給大學法律本科畢業生的 PCLL 學額相對減少了。

就讀本港 3 間大學其中一間的 PCLL 課程，並通過校內考試及格是目前本地及海外回流法律本科畢業生和 JD 畢業生能晉身律師或大律師專業的唯一途徑。換句話說，3 間大學壟斷了本地年輕人晉身法律專業的門檻。

根據一份本港3間大學為反對律師會建議擬為進入律師專業行業者設立統一專業考試，而在2013年12月聯合提交給立法會的文件顯示，香港三間提供法律本科及PCLL課程的大學在2011至2012、2012至2013及2013至2014三個學年，每年提供的PCLL課程學額不超過650個，但每年的申請者都超過1 200人(見表)。3年合計，具有資格申請入讀3間大學PCLL課程的本港及海外回流法律本科畢業生和JD畢業生，成功申請入讀的平均比率只有49%。

		城市大學	中文大學	香港大學	合計
2011-12	第一選擇申請	322	307	581	1 210
	獲取錄	138	150	320	608
2012-13	第一選擇申請	500	285	537	1 322
	獲取錄	161	150	322	633
2013-14	第一選擇申請	438	276	591	1 305
	獲取錄	160	150	340	650

反觀法律專業制度與香港相同的英國，共有27間大學或專業學院為希望進入律師行業的法律系畢業生提供10 600個律師訓練文憑學額；另有12間大學或專業學院為希望進入大律師行業的法律系畢業生提供2 200個大律師訓練文憑學額。而在英國每年申請入讀這兩類學額的申請人數量顯著低於可供選擇的學額。

在英國，法律專業相關的持份者關注的是每年均有一定數量具律師或大律師訓練文憑持有人，因為得不到律師行或大律師聘用提供實習合同而不能進入法律專業。在香港，人們關注的是有志加入法律行業在大學讀法律的莘莘學子，因為沒有足夠的 PCLL 課程學額而根本連接受專業考核考取文憑的公平機會也沒有。

沒有公開的統一執業考試而只由 3 間大學包辦培訓與考核，壟斷了本地學生進入法律行業專業准入門檻，在其他成熟的法律管轄地區幾乎是沒有的。然而，造成 PCLL 學額滿足不了需求而出現表面的壟斷現象也不單是 3 間大學的責任。兩個律師會為確保 3 間大學的 PCLL 的課程與畢業生的專業水準，委派不同專業的資深律師及大律師對課程的各專業學科進行監察；3 間大學向立法會提交的文件顯示，3 間大學曾提出增加 PCLL 課程學額以滿足需求，卻因律師會表示沒有額外足夠人手與資源，對增加的 PCLL 學生進行監察而沒有付諸實行。

香港律師會在不久前公佈 2021 年起，就讀 3 間大學 PCLL 課程的學生，進入律師行業，毋須通過大學校內的考試，但必須通過由律師會舉辦的統一執業試才可以成為實習律師。

律師會的新規定，是法律專業准入邁向公開公平考核的第一步。雖然律師會公佈 2021 年開始實行的考核制度，仍然規定法律本科或 JD 畢業生必須完成 PCLL 課程，才可以參加律師會的統一專業考試，但相信制度的改變，特別是大學校內考試及格不再成為評核標準和入職事務律師的先決條件，大學的角色演化為只是提供培訓課程，毋須律師會監察，因而可以不需要因為欠缺律師會監察人手而限制就讀 PCLL 課程學生的數量。

同時，由於律師會的新規定重點是法律專業水平的考核，而不是法律專業培訓，因此，進一步開放統一專業考試給沒有就讀過 PCLL 課程的人參與，合乎邏輯，開放統一執業試給 PCLL 課程學生以外的人參與，也變成是自然發展的時間問題。

律師會會長熊運信先生在新法律年度開啟的典禮後表示，統一執業試有助解決由 3 間大學包辦專業訓練與專業水平評核的利益衝突問題。他表示，目前制度，大學法律學院在收費情況下，提供法律專業課程，同時負責考試，存在利益衝突。將來的統一執業試，律師會只負責出題考核，不提供課程，更能確保考試中立公平。

其實，成為香港律師，除了通過就讀 3 間大學 PCLL 課程，也有外國律師通過香港律師會為他們專設的考試及格而加入本地律師行業。事實上，過去 20 年，在完全沒有限制下，外地律師通過律師會設的考試成為本地律師，平均計佔了高達香港每年新入職律師的五分之一，由此可見由 3 間大學壟斷了本地法律專業准入門檻對本地就讀法律畢業的學生的不公平。同時，3 間大學壟斷本地法律專業准入門檻，也間接造成了本地入職法律專業的人愈來愈只有來自 3 間大學培訓出來的單一背景。

事實上，香港律師會在過去很長一段時間都有舉辦作為入職准入考核的專業考試，與大學的 PCLL 課程和考核並排而行。在 1997 年前便沒有規定進入律師行業的本地學生必須就讀 PCLL 課程，律師會最近公佈的新規定只是恢復過去被證明為成功的、同時也是對所有人都公平、能廣泛吸納不同背景的人加入法律行業的做法。

終審法院首席法官馬道立先生表示律師會有權推行統一執業試，他認為最重要的是公眾利益，強調保持每一個律師的水平非常重要。

律師會的立場是，律師會有責任確保入職律師的專業水平，因而公佈統一執業試不是諮詢業界，而是為確保入職律師專業水平，要求所有持份者合作。對於律師會的公佈，各持份者反應不一。但從各不同的反應中，可以看出不同持份者不同的利益考慮。

3 間大學中，中文大學對律師會的統一執業試正面積極，並期待參與制訂執業試。相對而言，佔了每年 650 個 PCLL 課程學額超過一半的香港大學，則對律師會在持份者未有共識下推出統一執業試的決定「深感驚訝」。而多年來一直嚴限外地大律師在香港執業的大律師公會則稱律師會「不宜為獨善其身而自作主張」，呼籲律師會重新考慮，大律師公會主席認為律師會應有適當諮詢，在有共識下才公佈。

律師會為推行統一執業試已諮詢各持份者幾年，一直不能達至共識。律師會不願因持份者不同利益考慮而不可能達到共識而繼續無止境地進行諮詢，單方面公佈執行統一執業試時間表，實在是絕對可以理解的。

就如律政司司長袁國強先生說，法律界並非一盤生意，任何考試的設計必須公平對待所有希望加入法律行業的人。

建立公開公平的法律專業資格考核制度是各持份者唯一需要達至的共識。由不負責培訓、只負責評核的律師會執行統一執業試，最終對所有符合資格的人開放，便是對所有希望加入法律行業的人、對提供培訓的大學的最公平安排，同時也是保證專業水平的最合理安排。

值得留意的是，律師會對律師專業資格考核制度「獨善其身自作主張」訂下時間表後，大律師對其專業准入是否仍然維持大學內 PCLL 畢業考試及格？抑或接受律師會的統一執業試成績為標準？還是另訂大律師專業資格試？是 2021 年前需要解決落實的。

（原刊於 2016 年 1 月 21 日《明報》）

重溫 32 年前那場暴動
再用 Common Sense
看年初一那一場

兩個主要泛民政黨，對於 2 月 8 日年初一晚上發生，暴徒瘋狂地以磚頭襲擊警察的一場暴動，出聲明譴責暴力之餘，又大篇幅以交通警員向天開槍示警做文章與暴徒襲警行為綑綁一起，要對警員開槍示警全面調查、追究警員違法行為，意圖分散公眾要針對暴徒暴行的視線。

如果年長一輩市民不善忘、年紀較輕的有留意新聞紀錄片的，都不會忘記 1984 年 1 月 13 日晚上在九龍油麻地旺角發生由的士罷駛引發的暴動。那天晚上一位便衣探員在一間拉上閘門的店舖門外，被一羣暴徒包圍。便衣探員拔出佩槍指向包圍他的暴徒，阻嚇意圖向他施襲的暴徒。那次事件全程電視新聞錄下，暴徒對探員包圍仍未有施襲，探員拔槍指向意圖施襲的暴徒阻嚇防止被襲擊，是為了保護自己。當年的評論，沒有任何人批評那位拔槍指向暴徒的探員的做法有任何問題。因為 common sense 告訴每一個人：為了自衛，那位探員絕對應該那樣做。

2 月 8 日晚上警員向天開槍示警，然後指嚇那些已經曾經向他的同僚以雜物瘋狂施襲的暴徒，保護同僚、保護自己，有甚麼不對？究竟是 32 年後我們竟然變得那麼沒有 common sense 了，還是 2 個主要泛民政黨故意為了包庇暴徒而以此做文章，轉移視線？他們究竟是在譴責暴力，還是仍在試圖千方百計拉警察進去為暴徒分擔施暴的責任？

事實上，如果 2 月 8 日開槍示警發生在美國，意圖施襲的暴徒早已被警察射殺，而根本不會受任何質疑。兩個泛民政黨究竟在意圖質疑甚麼？

年初一晚上暴徒發難，除了遮遮掩掩為了選票的政客外，還有一些面對對錯毫無道德勇氣的迂腐學者為他們找藉口，說香港「高壓統治」所以引來武力反抗。我曾問過一些人列舉一些目前在香港足以令那些年輕人以暴力反抗的「高壓統治」例子。除了立法會政府夠票便強行通過反對者不喜歡的法案議案外，沒有人能舉給我其他可以稱為「高壓統治」而使暴徒的暴力合理化的例子。似乎施暴者活在自己給自己製造的「高壓統治」受害者情意結的夢囈中。

姑息和意圖為施暴者辯解的學者也嘗試說暴徒以暴力對抗的是「制度暴力」。我又問提出這些論述的人舉出「制度暴力」的實例，看看哪一項足以支持施暴者實施如年初一晚那樣的暴力而使之合理，沒有。

別再為暴徒找藉口，別再為暴力行為尋求開脫。

為暴徒提供任何藉口、為暴力行為尋求任何開脫，只會使暴力有繼續延續下去的理由。

面對暴力，那些同情姑息那羣像野獸般瘋狂的暴徒的政客和評論員，譴責暴力之餘，請別再以反對「制度暴力」為辯解，意圖把責任推回政府。

批評暴力行為的學者，別再找辯解的理由，回歸正軌，教導年輕人毫不模糊的分辨對錯。對便是對，錯便是錯，勇於堅持對，勇於承認錯，不再找開脫的藉口。

1984 年的士罷駛暴動，警方拘捕了逾百人。與 32 年後一樣，被捕者大多數是青少年人。當年我剛開始執業律師半年，代表了 3 個只有 10 多歲的少年學生。他們在當晚混亂中走進一間被暴徒破壞的電器店，抬起電視機及其他電器便走，上了一輛往觀塘的巴士準備回家，在車上被一位休班警員拘捕。

3 位委託我代表的少年學生其中一個年紀最小的父母，在警方拘留他們的兒子還不足 48 小時、大批被捕人士被送上法庭那天前一天的下午，便指示我申請把他們的兒子送上裁判署，結果成功申請到保釋。

第二天早上，南九龍裁判署第一庭擠滿了被捕人士和 20 多位律師，還有大批心焦如焚的被捕者親屬。我代表的另外兩個少年學生和暴動當晚被捕的幾十個青少年人一一被送上法庭，結果裁判官令 20 多個律師和全部憂心忡忡的親屬失望而回，裁判官沒有批准任何一個被捕者保釋，下令全部繼續還押。

那是高壓管治的殖民地時代，但面對暴徒的暴力，把暴徒繼續扣押，那時代沒有人說那是「高壓統治」，也沒有人說那是不公義。

32 年後，年初一晚被捕的暴徒，扣留了 48 小時便全部可以保釋了。他們在他們認為是「高壓統治」的香港法庭門外，被蒙面的支持者以歡迎英雄般迎接，囂張地呼喝在場的警察，為他們開路離開法庭。

今天，社會乃至法庭，對犯了錯的年輕人近乎沒有原則的寬容，身在其中的年輕人或許感受不到。經歷過殖民地時代，但仍從早到晚歌頌殖民地社會如何比今天更有公義的人，實在有責任告訴給年輕人今天社會的真象 —— 今天的香港對待他們遠比殖民地時代的香港寬容，今天香港的管治絕不比殖民地時代高壓。他們絕不能以「高壓統治」來把自己的暴力行為合理化。

從電視看了 2 月 8 日晚上發生的事情，人性良知和簡單的 common sense 告訴我們，不需任何保留地譴責施暴的暴徒。我們不能讓別有用心的政客以諉過於人的狡辯，來扭曲我們的良知，不能讓沒有腰骨的學者以似是而非的卸責辯解，來蒙蔽我們用來分辨對錯簡簡單單的 common sense。

暴動過後，幾間大學的學生會及一些年輕的學生組織的聲明，對暴徒施暴不但毫無悔過之心，還以此為義舉。Common sense 告訴我們 “this cannot be right”，common sense 告訴我們這些年輕人脫離了現實。社會上仍然有常識的人都應該告訴那些迷失在迷信暴力的年輕人，應以謙卑的心分辨甚麼是對錯，明白甚麼叫羞恥。

在黑夜的旺角街頭像野獸般羣起瘋狂用磚頭攻擊，使幾十個警員受傷送院的行為怎可能是足以使他們在法庭外囂張自豪的義舉？

任何意圖以那些似是而非的理由為施暴者開脫的，都是施暴者下次再次施暴的幫兇。

（原刊於 2016 年 2 月 18 日《明報》）

篇後記：

當年我這篇譴責暴徒的文章刊出後沒人理會，其實在 2021 年回頭看看，泛民政黨政客不問情由包庇暴力在 2016 年初已悄然開始。回看了這篇當年香港回歸後首次面對暴徒的暴力行為，軟弱的特區政府、別有企圖的泛民政客、迂腐學者、自命開明寬宏的法官對這些暴徒的姑息，對暴行的無原則包容，種下了 4 年之後的黑暴瘋狂的伏線。

「李波事件」與香港兩極化政局

去年 12 月在香港失蹤的銅鑼灣書店負責人李波先生，停留在內地 3 個月後返回香港。李波先生從失蹤到在內地現身、最終回港，充滿了大堆未解答的疑團。

李波先生在香港失蹤首先由他的太太向香港警方報警，及後他的太太很快接獲李波先生從內地電話及傳真聯絡告訴她，他是「以自己的方式回內地」。李波太太在接獲李波先生的聯繫後便迅速向香港警方銷案。

李波本人回港後重申自己是偷渡回內地，配合內地調查同屬銅鑼灣書店股東桂民海涉及違反內地法律的案件。

李波事件最大的疑團是究竟李波先生是否被內地執法人員跨境執法，在香港強行把他帶走。這涉及嚴重違反《基本法》、侵犯香港司法管轄、嚴重損害「一國兩制」和香港的高度自治。大律師公會主席譚允芝女士便形容李波事件是香港回歸以來最令人擔憂的事。

李波先生回港後被問及他去年如何返回內地時，他說他不方便說。他的說法，沒有澄清事實，反使事件更添疑團。

究竟李波是如何返回內地的？可能永遠是一個謎。能解開這個謎的不是李波本人，而在於北京政府是否有坦然公開事件的態度。在北京沒有展示這種態度前，李波本人的說法，就如建制派民建聯議員葉國謙先生說的一樣：「信者自信、不信者不信」。

隨着李波回港現身說法，支持港府與北京的建制派希望事件可以告一段落。但希望以李波事件警惕港人維護「一國兩制」或以事件繼續鼓吹香港人不信任中央政府的，卻不會輕易就此讓事件沉寂下來。

其實，信與不信李波的說法，繼續不斷爭論與揣測不是問題。重要的是爭論與揣測必須基於已經出現的事實和證據，而且爭論與揣測應該是對已出現的事實與證據作出合理的評述，而不是以猜測作為事實，把猜測說一百次變成事實。

然而，不幸的是，目前壁壘分明的政治環境，和香港一部分人對港府與中央政府的極度不信任，使這些人選擇不看客觀事實，而憑一己的觀感與猜測對事件與事實真相妄下判斷。

民主黨立法會議員何俊仁先生在電台節目中接受訪問，把李波在香港失蹤後在內地出現，揣測說成是內地公安通過香港黑幫把李波綁架回內地。這種把個人的揣測說成了差不多是事實般，以立法會議員身分說出，在大氣電波傳播，顯然不是一種公道和負責任的言論。

無疑，李波先生由失蹤到與妻子通電話和在內地見面，再與香港警方會面，乃至回港說出他的事實版本，過程撲朔迷離充滿疑團，給予不相信李波先生的人很大的揣測空間，任何人都可能作出任何猜測；但從另一角度看，在沒有其他證據的情況下，實在沒有理由可以質疑當事人李波先生的說法，相信當事人李波先生說法的人完全可以選擇相信。這便是葉國謙先生說「信者自信、不信者不信」的道理。

當事人說了他的事實版本，不相信便是不相信了，因存疑而對當事人的說法質疑，沒有問題；最沒有道理的事，卻是按自己的揣測想像作為事實的結論，並企圖引導公眾接受以主觀揣測重塑的「事實」為事實的真相。

李波事件中，接受與不接受客觀表面現象的兩極分化現象，便是今天香港政治局面的寫照 —— 有一些人只講政治立場取向與政治信念，不講事實證據，也不理會客觀事實，又或者把事實證據是否可信的準則取決於是誰提供的事實證據。香港目前政治上的亂局，很大程度上便是這種壁壘分明的兩極化政治取向，使兩方在判斷政治現狀時都選擇性地接受事實或質疑事實，使應該是最重要的客觀事實在現實政治判斷中變成毫不重要。

但回看李波事件，也不是沒有客觀事實可以作為依據的。在3月底，李波先生接受以紐約為基地的《明鏡郵報》一次較為詳盡的訪問中，李波先生說在銅鑼灣書店3位員工在內地出事後，他覺得作為老闆他有責任去幫這些員工，而道義上也應該這樣做。他在訪問中這樣說：「有人問我願不願意回去（內地）。」訪問中他表示是一個「朋友」安排他回內地，但在追問下他拒絕透露陪他回內地的人的身分。

李波先生給《明鏡郵報》的訪問中透露了兩個重要的事實。一是回內地不是純粹他本人的意思，過程中是有人建議或邀請他回內地的；二是他不是獨自回內地，而是有人陪同他回內地的。

但透露了2個事實卻也同時留下了兩個未解答的問題。一、建議或邀請他回內地協助員工解決問題的是甚麼人？是否內地官方人員？二、陪同他回內地的是甚麼人？他是自願抑或是被脅迫下隨同別人回到內地？

李波事件，有人選擇不相信當事人的解說，加上當事人解說後留下的疑團，使人有更大的想像空間。以事件出現的疑團繼續向特區政府施壓，質疑內地政府在事件中的角色，令港人杯弓蛇影，打擊港人對「一國兩制」的信心與對中央政府的信任，那恐怕是無可避免的。

解鈴還需繫鈴人，只有北京政府才可以解開李波事件的疑團。北京政府必須對李波事件有一個說法。特別是從內地政府掌握到的資料如實向公眾，公開李波回內地的方式及途徑，解開疑團，免卻公眾不必要的猜測，也不讓早有既定立場的政客以他們主觀揣測得出的結論誤導公眾。

其實，李波去年底在沒有香港出境紀錄的背景下回到內地，只有 2 個可能。一是如他本人所說是他自己偷渡回內地，二是非他本人自願情況下被脅迫或綁架回到內地。

如果是李波自己偷渡回內地，那麼內地有關部門在調查過程中，必然有李波就他如何回到內地的交代，把李波向內地部門的交代公開，便可解開疑團。

若李波並非自願情況下非經正途出入境手續回內地，便比較複雜。但即使如此，北京政府也宜實事求是公開情況。特別是若是非自願回內地，必須公開是否涉及內地官方人員，以及北京政府對這情況的發生的看法和明確態度。若涉及處理事件官方人員犯錯的，也宜坦承並公開糾正，以釋港人疑慮。

李波先生在內地 3 個多月後回到香港，被大批記者纏擾追訪，李波先生對記者們說「放過我吧。」但對不起，媒體不肯放過的並不是李波先生，而是直接涉及事件的內地相關部門和中央政府，要求中央政府及涉及相關部門，就這涉及可能侵犯「一國兩制」的事件給予一個說法。

香港市民擔心的是若事件涉及內地官員跨境執法，那是嚴重侵犯香港執法部門及司法管轄權力、破壞「一國兩制」的行為。這些行為的出現嚴重影響港人對中央政府的信任。

最近，中聯辦法律部部長王振民先生在香港外國記者俱樂部的談話中，形容李波事件為「非常不幸事件」，其實已間接承認官方在處理事件上出錯。但這仍是不夠的。李波事件若然涉及內地地方或個別部門的錯誤行為，中央政府應該公開說明，並作出坦承錯誤及願意糾正錯誤的立場，以符合作為一個負責任政府應有的做法。若然事件本身根本不涉及內地官方人員錯誤行為，那北京更應公開事實，以徹底解除港人疑慮。

最近北京政府為針對分離主義與港獨而進行大規模宣傳戰，希望在反分離、反港獨上爭取民心。但北京政府繼續在李波事件上保持緘默，無助解除港人疑慮、不利於爭取民心，使北京政府在反分離反港獨戰線上事倍功半。

在目前香港部分有影響力的政治人物只講政治立場取向與政治信念，不講客觀事實、也不理會客觀事實的複雜政治環境，公開李波事件的相關事實真相，是中央政府以實事求是態度，展示中央政府維護法治、維護《基本法》的決心的良好示範；也是加強港人對中央政府信任、鞏固港人對「一國兩制」高度自治信心的契機。

（原刊於 2016 年 5 月 1 日《亞洲週刊》）

專業、嚴謹、公平行使第四權

最近戲院上映一部名為《因真相之名》(*Truth*) 的電影。內容為真實故事，講述美國 CBS 電視台在 2004 年總統選舉前，報道競選連任的小布殊在 1972 至 1973 年在國民警衛軍空軍服役期間，在訓練關鍵期間長時間缺席仍能通過訓練的新聞調查故事。

事件中新聞片製作人 Mary Mapes 獲得 6 份聲稱是來自空軍內部、對小布殊在空軍訓練表現負面批評的文件 (這 6 份文件被稱為" Killian documents")。在 2004 年 9 月 8 日以 CBS 名主播 Dan Rather 為主播播出的 *60 Minutes II* 節目中，Mary Mapes 用了其中 4 份，質疑小布殊沒有接受體檢及缺席訓練是否可以正常地通過訓練。

有關調查新聞片在 2004 年美國總統大選前兩個月播出，播出後隨即有人質疑新聞片所引用文件的真實性。接着在不足 2 星期時間，CBS 公開承認不能證實所引用文件的真實性，而真實性是在新聞報道中支持引用那些文件的唯一可接受新聞操作標準 (CBS News cannot prove that the documents are authentic, which is the only acceptable journalistic standard to justify using them in the report)。CBS 為此承認錯誤。

CBS 並且隨即成立調查委員會調查事件。2005 年 1 月的調查報告引致新聞片製作人 Mary Mapes 被 CBS 解僱，另外 3 名 CBS 高層亦被迫辭職。主播 Dan Rather 據稱亦因此而須比預期早一年提早退休。

事件中文件的真實性由於提供文件的當事人不能確定來源，而須由專家驗證，不同專家的意見莫衷一是。Mary Mapes 在調查委員會聆訊的最後陳述中質問，調查集中查驗文件的真實性，但從沒有人問究竟事件中小布殊有沒有完成空軍的訓練要求？

新聞工作者面對的矛盾，往往便是在這裏 —— 新聞工作者相信的「事實」與所掌握支持事實的證據的落差。CBS 在承認錯誤的聲明中所表達的是證據的真確性，是這證據支持的「事實」是否可以播出為新聞的唯一標準。

如果用 CBS 在"Killian documents" 事件中承認錯誤的標準，去看最近特首女兒機場手提行李由他人代檢進入禁區事，一些媒體對特首濫權的指摘，顯然是缺乏了新聞報道中，新聞從業員需提供可以驗證的事實以支持評論的基本專業操守要求。

目前香港媒體，特別是印刷媒體，都非常重視調查報道。但基於時間上的迫切性和同行爭分奪秒搶先出街的競爭，很多時候報道中所披露的事實往往顯得粗疏、不全面、有傾向性和有選擇性，甚而很多時候把未經查證的傳言當事實，然後加上記者或編輯的個人取向，評論便成為新聞。

言論自由的真諦是評論絕對可以自由，但前提是所賴以支持的事實必須真實準確。特首女兒行李事件，部分媒體質疑特首濫權，引發 2 000 人在機場示威的唯一事實依據，是事件中特首梁振英與機場職員有過短暫的電話通話。但究竟事件中梁振英與誰通話？通話內容中兩方說過甚麼？是否因為這短暫通話而引致事件的最終處理方式？一大堆疑問，沒有答案。但部分媒體已經立刻跳進「特首濫權」的結論，連續多天在報章出現，甚而電視新聞主播也在新聞報道中狗尾續貂以此揶揄特首。

用 CBS 的標準，那並不是專業的新聞處理方式。嚴格來說，用 CBS 標準，「特首濫權」指摘是錯誤而必須收回。但香港的媒體編輯、記者會有專業道德這樣做嗎？可以看見的現象是在香港，很多很多的媒體編輯、記者他們每天做的不是客觀的新聞報道，而是評論，是早已有了政治立場的評論。媒體成了只許他們隨意在缺乏理據甚而毫無理據下批評別人，而不容他人批評他們半句的私器。只要嚴厲批評他們一句半句，「打壓新聞自由」的大帽子便狠狠的扣過來。

若從另一角度看，香港主流媒體熱衷的調查報道，也明顯的顯示往往只依政治立場選擇性取材。當中表表者，莫過於除了左派報章外，主流媒體對多名泛民議員秘密接受政治捐款均輕輕放過，甚而證據顯示明顯問題也不過問。這與他們沒有證據便重言狠狠指摘「特首濫權」成了強烈對比。

以立法會梁國雄議員接受黎智英先生的捐款為例，立法會議員個人利益監察委員會 2015 年 12 月發表的報告，顯示了很多值得傳媒質問的疑團。

立法會的報告顯示：

(1) 梁國雄議員在 2013 年 11 月接受了黎智英指定為捐給社

民連但以抬頭人為「梁國雄」的50萬元的銀行本票交給梁議員。4天後梁國雄從銀行提取了50萬元現金，把現金交給了一間律師行的一名王姓律師。

(2)這名王律師沒有把50萬元現金存進律師行的銀行帳戶，卻把50萬元放進自己的私人帳戶。直至10個月後，即立法會接獲投訴梁國雄收了這筆問題捐款後2個月，王律師才把50萬元轉放回律師行的客戶銀行帳戶。

(3)奇怪的是，這筆屬於捐給社民連由梁國雄私人收取的款項，最終雖然終於進了律師行的戶口，但律師行發出的收據卻是發給社民連成員曾健成先生，並說明款項是由王律師代付的。注意，是由王律師付，不是由黎智英付，也非由梁國雄付；而且是付給曾健成，不是社民連。

一筆涉及捐給政黨由立法會議員收取的捐款，輾轉變成由一名律師代一名政黨成員付給律師行的款項，曲折離奇，暴露了一大堆問題。這些問題包括(1)捐款由議員私人收取，交由一名律師私人代保管，直至立法會接獲舉報後兩個月才浮面付回律師行，說明了甚麼問題？(2)律師收取客戶款項，不放進律師行帳戶，放入私人帳戶達10個月，有否違反律師專業守則？律師會是否應該跟進？

問題捐款這些非常明顯的疑問，平時慣於任何小事均不放過針對特首的主流媒體，均輕輕放過追尋真相。政治取向主導了香港主流媒體的新聞取材，明顯不過。

香港主流報章編輯及記者，怎能怪人指摘他們立場偏頗，嚴重向泛民傾斜，每天提供的只是單一立場的報道？

其實，報章報道有既定立場不重要，也無所謂，而且誰也阻止不了，別人可以贊同，也可以不敢苟同。報章重視自己的公信力與否，那是報章自己的問題。有質素有要求的讀者重視的是報章處理事實是否專業，既定立場的評論是否有準確的事實支持。有質素有要求的讀者要分辨的是哪些才是專業新聞工作，而不是政客般的政治宣傳。

但向泛民傾斜的媒體，處理新聞時卻往往是輕事實、重評論，把希望傳遞的立場放在首位。這種只要自己認為政治立場正確便可以漠視事實、漠視專業的思維模式，正在潛移默化影響年輕人的思維方式。

CBS *60 Minutes II* 製作人 Mary Mapes 在引致她被解僱的 CBS 調查報告發表一年後在接受訪問時說："Journalists are not supposed to be lapdogs, we're supposed to be watchdogs. We're supposed to be inappropriate guests at the public dinner parties. We're supposed to be people who ask rude questions...... And we're supposed to behave that way. We're not supposed to be friends of the elite, and we're not supposed to be hob knobbing with them as often on as possible. We're supposed to be holding their feet to the fire."

左派報章一面倒支持政府那不用說了；一面倒支持泛民的媒體，對待特首、政府官員時，他們行使第四權監察特首、監察政府及政府官員的新聞工作專業，完全符合了 Mary Mapes 所說新聞工作者應做的標準。但他們有以同樣的專業標準全面、公平、嚴謹地行使第四權，追尋真相、監察、暴露和質疑在處處與政府對着幹、阻礙政府施政、在立法會內烏煙瘴氣、在立法會外胡作非為的立法會議員的錯失嗎？

如果沒有的話，那這樣一面倒的處理新聞取材方式與左派報章的一面倒有甚麼分別？

（原刊於 2016 年 5 月 10 日《明報》）

須認真看待北京對港獨的態度

香港一些未經歷過殖民地統治的年輕人，嚮往殖民地末期在中英前途談判開展時出現 20 多年短暫的寬鬆管治 (light handed government)，以為殖民地統治便代表寬鬆自由。但事實是，殖民地法律對損害到殖民地宗主國主權的行為絕不寬鬆。

以近日沸沸揚揚討論是否有法律依據對鼓吹港獨者進行檢控而言，自殖民地時代一直沿用至今的《刑事罪行條例》第 9 條，便明文禁止煽動意圖 (seditious intention) 行為。所謂「煽動意圖」罪包含 (1) 激起對女皇陛下或香港政府或女皇陛下政府的叛離；(2) 激起女皇陛下子民或香港居民，企圖不循合法途徑促致改變女皇陛下在香港依法制定的事項。

換句話說，若在殖民地時代有人煽動香港脫離英國統治，根據《刑事罪行條例》中「煽動意圖」的條文，港英政府絕對有權對進行相關煽動行為的人作出檢控。

除了「煽動意圖」罪外，殖民地法律亦保留了可以判終身監禁的叛國罪 (Treason)。

普通人當然不會干犯這些法律，但殖民地時代箝制公民自由的法律比比皆是，例如三人集會可以構成非法集會的《公安條例》，便是殖民地時代遺留下來嚴苛法律的例子。

殖民地法律嚴苛，但殖民地政府給予人寬鬆管治感覺，原因是殖民地政府把這些嚴苛法律備而不用。只有在最危急時候如1967年的社會大規模騷亂，才會引用那些嚴苛的法律應對。

這些嚴苛的法律就如特效藥一樣，對症下特效重藥可以對病情立刻緩解控制。但特效藥不能常用，常用的話特效藥便會失去立刻緩解病情的功效。作為一個外來政權的殖民地政府當然明白這道理，這也是殖民地末期殖民地政府礙於形勢必須實施寬鬆管治的原因。

香港回歸前中方成立的臨時立法會，在回歸前3天通過了香港回歸中國後適用的《香港回歸條例》，回歸條例第6條，對殖民地時代原有法律的用字詞句作了解釋，並以附件形式加入香港法例第一章《釋義及通則條例》為附表8，成為特區法律的用詞。

附表8第一條說明任何法律條文中對女皇陛下、皇室、官方或英國政府的提述，若條文涉及(1)香港特別行政區土地所有權；(2)中央人民政府負責處理的事務；(3)中央與香港特別行政區的關係；或與這3項有關的話，相關提述便須解釋為對中華人民共和國中央人民政府或其他主管機關的提述。

依附表8解釋，《刑事罪行條例》第9條中所有對英女皇或英國政府的煽動叛離罪行，均會被解釋為煽動叛離中華人民共和國中央人民政府或以不合法途徑促致改變中國政府在香港依法制定的事項。

用簡單的語言，那便是煽動香港市民叛離中國對香港管治的行為。

律政司司長袁國強先生說會循多方面就是否檢控鼓吹港獨人

士進行研究。《刑事罪行條例》為檢控提供了法律依據，特區政府的遲疑相信是港府須平衡來自北京的強大壓力與本地民情。

對北京政府來說，進行檢控賴以依賴的法律依據已經存在；從北京政府的角度，香港殖民地時代遺留保存下來針對叛國、煽動等嚴苛的法律，對中國主權下的特區政府來說，不再是特效藥性質，而是防疫性質。任何一個西方國家也一樣，作為主權國家，引用任何針對叛國及煽動叛離的法律，對付以非法行為尋求獨立的人士根本不會有任何避忌。

鼓吹港獨的年輕人及他們的同情者以言論自由作為對抗中央政府打壓鼓吹港獨活動的護身符。但他們有必要弄清楚，在任何統一主權國家政府眼中，在維護國家主權、統一和領土完整的大前提下，言論自由並不是神聖不可侵犯和不可犧牲的。

有一種流行的說法是，若然港府就倡議港獨行為依《刑事罪行條例》提出檢控，基於維護言論自由，香港法院的判決未必對中央政府有利。

但可以預見的是，若然訴訟展開，案件必然最終會上訴到終審法院處理。港獨主張涉及中央與特區關係，特區政府可以名正言順在終審法院最終裁決前，要求終審法院就引用的《刑事罪行條例》條文提請人大釋法。人大常委會就針對港獨的相關法律條文會作如何解釋，那是今天已可以預知的結果。

香港人都珍惜「一國兩制」下享有的各種內地人無法行使的權利與自由，包括言論自由。但享有「一國兩制」下的權利與自由的同時，也必須承擔責任 —— 維護「一國兩制」。不負責任地置「一國兩制」於不顧，以敵視中央政府的態度單方面鼓吹香港獨立，改變「一國兩制」、不斷挑戰中央政府的底線，必然招致中央政府對如何在香港繼續實施「一國兩制」另有想法與盤算。

在殖民地時代，提出港獨主張的人，均受到殖民地政府不同程度的無情迫害。面對把國家主權、統一與領土完整重於一切的北京政府，提出港獨主張的人必須三思，認真看待北京對港獨的態度，絕不能心存僥倖或作不必要的幻想。未經深思熟慮的港獨主張只是浪漫主義者的盲目衝動。絕大多數香港人絕對不會容許這些不負責任的年輕人，以 700 萬人的福祉，作為他們一時浪漫豪情的代價。

(原刊於 2016 年 5 月 29 日《亞洲週刊》)

篇後記：

我在這篇五年前寫的文章說：「不負責任地置一國兩制不顧，以敵視中央政府的態度單方面鼓吹香港獨立改變『一國兩制』、不斷挑戰中央政府的底線，必然招致中央政府對如何在香港繼續實施『一國兩制』另有想法與盤算。」不幸而言中。如戴耀廷那類心存僥倖的港獨鼓吹者、聯合了對香港走向港獨存有不必要的幻想的天真年青學生，和毫無立場為選票被劫持的政黨政客，炮製了 2019 年到 2020 年的黑暴悲劇，不斷挑戰中央的底線。中央政府終於忍無可忍，2020 年 7 月為香港訂立了《港區國安法》止暴制亂；接着 2021 年對香港選舉制度作大規模修改，重申「一國兩制」「愛國者治港」的初衷，排除了鼓吹和同情港獨的人參政的權利，但同時也變相令民主倒退，壓縮了一般市民民主選舉投票的空間。這便是挑戰中央底線的結果。

我的底線並不由你任意去畫

在內地失蹤的銅鑼灣書店店長林榮基先生回港銷案，兩日後召開記者會，公開自去年 10 日在深圳出境時被捕後扣查 8 個月的遭遇。在記者會中他鼓勵香港人為「一國兩制」發聲，他說：「如果我們不發聲，香港就無得救，因為此事不單是書店的事，更觸及香港人底線。」林榮基希望香港人「向強權說不」。

相信絕大多數香港人都會同意絕不容許內地執法人員在香港執法。那觸及了絕大多數人的底線。那底線是在「一國兩制」下，在香港只有香港的執法人員可以執行香港的法律。

在銅鑼灣書店事件中，已知道的是林榮基先生在深圳被扣查，而書店老闆李波先生究竟是在香港被帶走抑或是自願返回內地，仍因林李兩人兩個版本而出現羅生門。但無論如何，根據林先生本人的經歷，究竟他的經歷說明了事件觸及「一國兩制」下不容過境執法外的其他甚麼底線？

「觸及香港人的底線」近來成了一句常常被宣揚的政治宣傳術語。在香港，一些人已慣常以一句「觸及香港人底線」，把所有香港人拉進他們自己的政治信念，去抗拒他們所不願接受的現實或反駁別人一些他們所不接受的做法，雖然別人的做法在別人的制度體系中有其依據。

究竟林先生的遭遇是不是一件因犯法而被追究的事件？可以說是，也可以說不是。在內地，那是；在香港，不是。在內地是涉嫌犯法，因為涉及了違法售賣、郵寄和走私被禁書籍。在香港不是犯法，因為出售的書籍在香港並非禁書，而林先生也並非在香港被扣查。

我們當然可以以我們的政治角度自由地批評內地處理林的案件，就如我們對很多內地部門濫權拘留扣查內地人士案件嚴加批評一樣。案件是否涉及香港人，並不改變我們以我們的標準對案件的批評。

香港人在內地須遵守內地法律，那是常識。若我們認為因為我們是香港人便以為可以獲得有異於內地人的待遇或認為內地應以不同的標準處理，那是香港人的自我膨脹，那是殖民地時代英殖民地子民心態的延續。

殖民地時代香港人在內地出事，英國政府作為殖民地宗主國有責任通過外交途徑為香港人出頭，確保出事港人獲得依法公平的對待；有沒有效果，那是另一回事。但對不起，在香港成為中國一部分後，已不再是這樣。

維持「一國兩制」，意味內地任何部門均不可以從法律角度干擾、質疑香港執法部門處理內地人在香港犯法案件的法律依據和處理方式。同樣道理，在「一國兩制」下，是甚麼使一些香港政客及一些香港人認為，我們可以從法律角度去質疑內地執法部門處理香港人在內地犯法案件的法律依據和處理方式？

過去，我們曾質疑無數內地部門處理公民被捕或被關押的法律依據和處理方式，但那是政治，不是法律。那與「一國兩制」

無關。過去，我們質疑譴責劉曉波被迫害、被起訴和被判刑；我們質疑譴責李旺陽被關押和被自殺；到今天，我們可以以最嚴厲的言詞批評及譴責林榮基先生的遭遇是政治迫害，對內地法律以至執法部門強烈質疑。

但不要混淆視聽的是，這種種批評都是對內地法律以至內地執法部門的批評。劉曉波、李旺陽、林榮基事件表明，也許他們真的很糟糕，但他們的糟糕與「一國兩制」無關，也不涉及違反「一國兩制」。相反，正正是「一國兩制」的存在和執行，為批評者在香港可以對內地發生的事自由地評論及譴責，提供了最好的法律上和政治上的保障。

林榮基先生在記者會中說他希望香港人向強權說「不」。當記者問他我們可以說不嗎？他回答說：「我都可以，點解你唔可以？」

那把我們帶回 1989 年 6 月，當年李卓人先生帶同巨額款項往北京支援佔領天安門廣場示威的學生，在北京被捕。曾是支聯會主席的李卓人先生當年並沒有向強權說「不」。反之，他第一時間簽署了悔過書，並容許帶同的 200 萬元被充公，以換取他能第一時間獲釋回香港。在 1989 年，沒有人責怪李先生，甚而視他為英雄。

今天，大多數的香港人就如當年的李先生一樣：無論那強權如何強橫，大多數人都不會在政客的激昂言詞慫恿下與強權對抗。說到底，那只是政客常常掛在嘴邊用以吸引目光的激昂言詞而已。

在香港，唯一自始至終即使身陷囹圄仍堅持向強權說「不」

的只有一個人。那是特首梁振英先生在英皇書院的同班同學劉山青先生。劉山青先生在 1981 年聖誕假期到廣州探望、接濟當時被捕坐牢的異見人士王希哲先生的太太，在廣州被捕，以反革命罪被判 10 年有期徒刑。他在監獄中，官方的人多次對他說，他只要肯認罪簽悔過書便立刻可以獲釋。但他始終拒絕。結果他坐牢坐足了 10 年，一天也沒有少，在 1991 年聖誕假期期間才獲釋回港，那時他曾往支援的王希哲先生已比他更早獲釋。

回港後不知道他曾選過多少次區議會，始終都沒有選上。劉山青先生沒有吸引人的激昂言詞，他沒有這天分。到底，他不是一個政客，也不是當政客的料子。但把激昂言詞掛在口邊的政客當中，又有幾個有劉山青先生年青時那硬漢子的料子？

一直支持民主的作家李怡先生說，林先生「點解你唔可以？」是針對香港人在涉及港人的人身安全和法律權利的底線時，選擇沉默的反詰。

而對很多香港人來說，沉默是自保之道。林先生在接受海峽亞洲新聞（Channel NewsAsia）訪問時，坦然表示年青人認為「一國兩制」行不通，他認為港獨是可行之道。我們也許會讚賞林先生公開坦承自己支持港獨想法的勇氣，但我們無權要求別人當烈士。每個人心中都有屬於自己的不同的線，沒有任何人、被捕的書店店長也好、支持他的政客也好，均無權任意為甚麼香港人的底線隨便劃線，然後鼓動香港人按他們劃的線作為行動的指標。

（原刊於 2016 年 6 月 22 日《明報》）

要革命的別當政客

人大委員長張德江先生訪港，4 位泛民立法會議員為獲邀參與為政商界舉行的晚宴前的酒會、能近距離接觸張委員長而沾沾自喜。公民黨立法會議員梁家傑說張德江與泛民立法會議員會面為歷史性突破，確立了泛民主派的地位；又把向張委員長當面要求撤換特首梁振英，自詡為有機會在張委員長當面「數落」梁振英，是為市民「出一啖氣」。

對於梁家傑議員高調自詡在張委員長面前「數落」特首梁振英，要求張委員長把他撤換，建制派甚而梁振英本人沒有太多的評論。批評最多的反倒是泛民中人。

一位年青泛民對泛民四議員與張德江會面的評論是：「如果會面是如泛民所講那麼重要，除了『倒梁』外，有沒有公眾同樣關注、值得向張德江提出的問題？」

這是一條非常好的問題，簡單的提問，點出了 4 位議員把個人對一個人的仇恨無限放大而忽視了更多更多香港人更關心的問題。這正正也一針見血地點出了這 2 年來泛民政客在香港政治操作的核心內容，便是不負責任、為反一個人而毫無原則及無節制地拉布破壞，拖香港前進的後腿。

又看看另一個忠實支持泛民爭取民主的評論員對要求撤換特

首的評論。他說：「向張德江提出『換特首』等於承認中央的確在香港特首選舉上有決定權。如此一來，『一國兩制』豈非『甩頭甩骨』、名存實亡？或曰這叫『政治現實』……；若我們接受現實，還有甚麼可以爭取？」

這位評論員所說的正好說明了一眾拒絕接受共產黨管治中國的現實、拒絕接受共產中國對香港憲政有主導權的現實的泛民政客，平日力竭聲嘶如仇人一樣罵梁振英、罵中共，但沒有勇氣乾脆支持港獨那種進退失據的窘態。

這種進退失據的窘態，在分離主義及港獨思潮還沒有出現時並不明顯。分離主義及港獨思潮出現便突出了傳統泛民一直以來口喊要推倒共產黨政權的一黨專政，另一方面又要無奈地接受，在一黨專政國家主權下的「一國兩制」憲政安排中，行使受制約政治權力的矛盾。

究竟泛民政客要老老實實地在現行體制內行使政治權力，還是要如推動港獨的人一樣根本不接受現有的體制？他們必須給市民一個說法。

不久前，理工大學中國商業中心主任陳文鴻博士說現時香港政治操作中，特首梁振英已不是真實的個人，而是政治標誌，因而針對梁振英的批評已變得無厘頭、缺乏證據和把猜想變成事實。對泛民主派而言，梁振英作為政治標誌，打倒梁振英便是成功；為這成功可以不擇手段、破壞一切。

梁振英之所以成為一個標誌，站在反對他的泛民政客來說，不外乎兩個理由。第一，梁振英通過不民主的小圈子選舉選為特首，是中央欽點的，這是原罪。第二，梁振英執行中央指令，不顧港人利益，破壞「一國兩制」。

這兩點理由，第一點誰也改變不了，在現行特首產生辦法下，誰當特首都一樣，都背負原罪；唯一可以讓泛民與反對者罵得少一點的，便只能如前特首曾蔭權一樣以殖民地公務員的心態當特首——少做少錯、不做不錯、對泛民的跋扈氣燄退避三舍。

泛民以打倒梁振英為目的，第二點理由才是關鍵理由。但關鍵不在於梁振英執行中央指令、不顧港人利益、破壞「一國兩制」，這也不是事實。事實上，提出這些指控的人，一點實質證據也拿不出。泛民主派之所以咬牙切齒地反梁振英，甚而把推倒梁振英為9月立法會選舉的議題。骨子裏的原因，不單是梁振英本人，也是梁振英所代表的體制。泛民主派深明在現行中央主導的香港憲政安排中，只有得中央政府的信任才能當上特首，而他們天天罵梁振英、事事反梁振英，除了是對他個人的仇恨，也是衝着中央政府而來的。

換句話說，泛民主派人士咬牙切齒地反梁，必欲除之而後快，挑戰的不單是梁振英本人，也是目前的體制，特別是北京政府在香港憲政中主導性地位。也因為這樣，泛民政客對於他們自己究竟是在現有體制中反對某人，抑或是根本反對和不接受自己所處體制已變得迷糊不清。

其實，從張德江訪港，泛民立法會議員在是否出席為立法會議員和政商界人士設的晚宴的表現所折射出的心態，反映了一眾泛民議員的定位不清。

泛民推說不出席張委員長的晚宴是因為晚宴出席人數眾多，沒有機會向張委員長說話。這原因實在太荒謬，也極度政治幼稚。

泛民議員被邀出席晚宴，首先要問的是為甚麼泛民議員會被邀請？是因為他們是在現行體制下的民意代表。有機會與張委員長說話也好，沒機會也好，憲制上他們有責任出席獲邀出席中央政府領導到訪有關的活動。個別個人理由不參加，完全可以理解，但泛民議員集體杯葛，反映到的是他們質疑甚而否定自己在現有憲制安排下的地位。

殖民地時代，英女皇或英國首相訪港，設宴招待政界人士，立法局議員有機會在宴會中與英女皇或英國首相深談嗎？沒有一個被邀的政治人物是會因為沒有機會與女皇或英首相深談而不赴會的，獲邀的政治人物只有是根本反對殖民統治而杯葛拒不赴會的。

泛民議員這種集體杯葛張德江先生的晚宴，突顯了泛民政客為了作秀而表現在政治上的幼稚、定位不清和立場矛盾。

一眾泛民議員杯葛了晚宴，4 位出席了晚宴前差不多是專門為他們而設的酒會的泛民議員中，個別沾沾自喜說與張委員長近距離見面確立了他們的憲政地位。政客的幼稚，莫過於此。

立法會議員在現行憲政安排中本來便有他們的憲政地位，從來沒有人否定過。一直以來，否定泛民議員憲政地位的是他們自己，是他們自己不願意、不甘心接受香港是並非可以自決的政治實體的現實，不甘心接受中央政府在決定香港憲制安排中的地位；從而在是否該徹底反對中央政府、拒絕接受目前政治現實下的體制，抑或是安分地接受目前體制下自己權力受制約的地位的問題上進退失據、前後矛盾。

過去 2 年，便是因為泛民議員意識上否定了自己的憲制地位，而沒有好好安分地承擔他們作為目前體制下議員的憲制責任。從否決政改到無止境的拉布，目的就是要拖垮政府，然後把香港的一切失誤諉過於人、諉過於他們不肯接受的政治現實體制。

張德江訪港前仍然對中央政府「中共」前「中共」後的敵對性批評，豪情壯語中央政府不撤「八三一」方案重啟政改誓不罷休，為甚麼酒會中要低聲下氣要求張委員長撤換特首？佔中時的豪情去了哪裏？就如支持泛民的評論員說，這算不算承認了中央政府在特首選舉中有決定權？

4 位泛民立法會議員當張委員長面「數落」梁振英，要求把他撤換，並非為市民「出一啖氣」，而只是顯示了他們的窩囊，突顯了他們立場的前後矛盾。一眾泛民立法會議員實在愧對他們自己的支持者、愧對期待由普選決定特首去留的市民。

泛民政客恨梁振英入骨，ABC（Anyone But CY）早已宣之於口，把 Vote him out 定為泛民 9 月立法會選舉的口號。 假若去年通過了特首普選方案，ABC 還要那麼窩囊的需要通過向張德江委員長提出要求撤換特首才可以實現嗎？

甚麼時候一直反對中央介入香港內部事務的泛民政客，忽然會做連建制派也不會做的事 ——主動要求中央政府干預香港特首的人選？

要革命還是要改良？這是兩個完全不同而相互排擠的選擇。選擇革命，可以豪情壯語、一往無前、漠視當下的一切。選擇改良，無可避免地很多時候要無奈地妥協，接受不理想甚至不願意接受的現實和結果。

要發動革命、改變現狀便不能當政客，所有在議會內的政客本質上都是，也只能是在現有體制下的改良主義者。在接受現有政治體制下的政治博弈中，政客可以口舌上逞一時之快，可以出位表達自己的主張和訴求，但現實政治中不同政治力量博弈對政客來說，他們政治上的任何主張和訴求最終結果只有 3 個：完全成功、無奈妥協接受並非理想的結果或承認和接受失敗。

去年政改一眾泛民議員被個別激進泛民政客與衝動無知的學生牽着鼻子走，違背了在現有體制中搞政治的政治倫理與遊戲規則：在了解到不能成功時不懂得妥協，在失敗後拒絕接受失敗。

結果香港市民可以看到的是：拒絕接受失敗的衝動無知學生，走上了否定現有體制的港獨與分離主義危險道路；一眾迷失了方向的泛民政客，也不自覺地徘徊在那條否定現有體制的危險道路上進退失據、前後矛盾。

（原刊於 2016 年 6 月 26 日《亞洲週刊》）

鼓吹港獨與擁護《基本法》的矛盾

在立法會選舉提名開始前 2 天，選舉管理委員會突然公佈，參選人除了如以往一般須在提名表格上簽署聲明擁護《基本法》外，還要求參選人簽署一份「確認書」，特別要求參選人確認簽署提名表格內的相關聲明時，已清楚明白《基本法》第 1 條、第 12 條和第 159 條第（四）款條文內容。亦即確認「香港特別行政區是中華人民共和國不可分離的部分」、「香港特別行政區是中華人民共和國一個享有高度自治權的地方行政區域，直轄於中央人民政府」及《基本法》的「任何修改，均不得同中華人民共和國對香港既定的基本方針政策相抵觸。」

在立法會選舉開始提名這敏感時刻，特別突出《基本法》這 3 點條文，要求立法會選舉參選人確認，很明顯是衝着近幾年來勢洶洶的反特區政府、敵視中央政府的一股浪潮而來的反制措施。

在過去 3 年各種反對勢力不斷阻擾特區政府施政、鼓吹敵視中央政府；極端者甚至以「本土」為名，鼓吹「自決」與「港獨」，意圖把香港從中國分裂出去。種種行為，逐步偏離了《基本法》所定下「一國兩制」的根基，亦即《基本法》開宗釋義第 1 條的香港是中國不可分離的一部分和第 12 條由中央政府賦予香港特區

「一國兩制」下的高度自治權。

當年擁護民主回歸、近年開始傾向走分離主義路線的泛民政黨與政客，對近年在年輕人中間出現的這種明顯嚴重違反「一國兩制」根基的主張，不但視若無睹；反之更以維護言論自由之名，處處包庇維護，掩飾其自身自殖民地統治結束以來一直存在不散、源於骨子裏親西方的分離主義幽靈。

特區政府在立法會選舉提名開始時，亮出《基本法》下這把中國主權下的「一國」與「兩制」利劍，明顯是以清楚和不能反對的法律條文壓制港獨的氣燄。難怪處處逢特區政府必反、敵視中央政府的社民連梁國雄議員連同人民力量的陳偉業議員，高呼這是特區政府極其「惡毒」的一招。

選舉管理委員會取消了表明推動「港獨」的香港民族黨召集人陳浩天的參選資格。高等法院拒絕緊急處理激進的社民連主席吳文遠及本土民主前線梁天琦，司法覆核「確認書」為違法的申請，迫使鼓吹「港獨」但欲參選的梁天琦屈服，簽署了「確認書」，但其參選資格仍最終不獲確認。無疑，要求立法會參選人簽署「確認書」的目的是箝制港獨，但港獨思潮與鼓吹港獨行為，特別是選舉過程中鼓吹港獨的行為，是否一紙「確認書」重複《基本法》的相關條文便可以對之加以箝制？

《基本法》委員會副主任梁愛詩女士表示，違反參選時簽署聲明所作擁護《基本法》承諾是刑事罪行，意思明白。就是說即使參選人當選立法會議員，日後他的言行若違反了他參選時所作聲明擁護《基本法》的承諾，變成了是可以追究的刑事責任。

從一些認為自由是沒有限制的人的角度來看，「確認書」的作用是限制選舉權和限制言論自由。而從特區政府實際的角度考慮，是否在原有的參選聲明中加上一紙「確認書」，便可以達致法律上箝制港獨的效果？

參選聲明已明確由參選人聲明擁護《基本法》和效忠特區，特區政府仍要畫蛇添足加上要求參選人確認《基本法》的 3 條主要條文，相信在推出「確認書」前必然已經詳細考慮，並獲取了法律意見，目的是參選人無論當選與否，若宣揚或鼓吹「港獨」，港府均可作出追究違反參選時所作聲明誓言的刑事責任。

從法律角度來說，作虛假聲明或稱「發假誓」，是作出聲明的人在聲明時根本自己已不相信他自己的聲明內容是真實的，但仍故意作出聲明。追究作虛假聲明刑事責任的案件中，如交到法庭，法庭對「發假誓」進行刑事追究，證據上要求十分嚴格，特別是究竟是聲明中哪一特定事實或條文字句為虛假，必須清晰，才可以定罪。

法庭對聲明或誓言中的一般性「擁護」，有 160 條條文和 3 個附件的《基本法》的廣泛表達，在追究就個別條文作虛假聲明的刑事責任時，很難有足以定罪的證據。

簡單來說，單以參選聲明中一般性擁護《基本法》的聲明，而對聲明人追究聲明人就《基本法》某些指定條文「發假誓」，從證據上來說，很難成立並定罪。聲明人可以有很多辯護理由，包括說他在作出聲明時在主觀思想上根本沒有特別考慮某一條文，那作出聲明時何來虛假？

從證據角度來看，法庭必須滿意聲明人在作出聲明時在思想上已對某一特定條文考慮、並且自己已明白自己不擁護該條文但仍違背自己信念宣誓為擁護，才可以以作虛假聲明定罪。沒有「確認書」在參選人簽署聲明擁護《基本法》時突出有關條文讓參選人考慮，在將來「發假誓」的檢控中，很難有充分毫無疑點的證據。

在參選人簽署聲明書時加入「確認書」特別突出 3 條《基本法》條文的目的，便是在日後就違反這 3 條指定條文追究刑事責任時，聲明人不能再以作出聲明時根本沒有特別考慮這 3 條指定條文為追究他「發假誓」刑事責任的辯護理由。也因如此，值得注意的是，當「確認書」被提上為參選要求，並在參選立法會報名期間，經媒體廣泛報道、社會廣泛討論，立法會參選人是否有簽「確認書」對日後追究他們就這 3 條《基本法》條文「發假誓」已變成沒有影響。因為，有簽也好、沒有簽也好，他們均不能在日後追究「發假誓」刑事責任的官司中，推說今年他們參選立法會簽署聲明擁護《基本法》時，根本沒有特別考慮過這 3 條。

然而，從實際的政治角度考慮，是否要求報名參選立法會的參選人簽署一紙「確認書」或考慮「確認書」條文，便足以對參選人在選舉期間或在當選後言行上違反這 3 條條文的虛假聲明加以制裁？

具體而言，那是有困難的。裁決某一參選人鼓吹「自決」與「港獨」為違反參選人聲明擁護《基本法》不只是一個法律判斷的決定，同時也是一個有政治後果的決定。法律判斷並不由選舉管理委員會說了算，政治後果並不能因法庭有了法律上的裁決而解決。

又若某一參選人當選為立法會議員後，鼓吹「自決」與「港獨」、鼓吹不依人大「八三一決定」重啟政改，是否便如梁愛詩女士說的違反誓言可以追究刑事責任？進而褫奪這位立法會議員的資格？那同樣是困難的，因為那是一個有政治後果法律行動。

法律只能為不同觀點引發的政治爭議提供了法律依據和處理機制，但解決不了政治問題。

「確認書」引發的是：執行「確認書」的特區政府一方依據的是法律約束，拒簽的一方依據的是政治權利。那是公民維護國家統一與「一國兩制」的公民責任，與公民的民主選舉與言論自由的公民權利的對立。法庭的任何判決都解決不了這政治對立。悲哀的是：法庭傾向任何一方的判決，同時也必然製造了另一個政治問題 —— 那是一個只有民主投票才能產生最終決定的政治問題。

「一國兩制」下的民主，無疑是「鳥籠民主」。「一國兩制」下的鳥籠民主運行了差不多 20 年，問題逐一浮現。在強勢中央政府授權下的兩制與高度自治，突顯了不論是特區政府與反對政府的泛民反對派，在政治上都是處於弱勢。反對派的弱勢在於他們的任何政治主張，均受制於現行中央政府授權下「一國兩制」的憲政安排框架；特區政府的弱勢也在於目前現行中央政府授權「一國兩制」的憲政安排下，特區政府缺乏民意授權而產生的認受性危機。

在反對派與政府均缺乏政治能量的環境下，反對派與政府都意圖用法律來解決政治問題。

過去幾年，反對派一直在以法律為手段扭轉他們被箝制在鳥籠民主中政治上的弱勢，有理無理地不斷對政府決策進行司法覆核，意圖以司法扭轉他們通過政治手段達不到的要求。到今天「確認書」的出現，顯示出特區政府也開始利用法律為手段，彌補因缺乏民意授權與政黨支持而在政治能量與政治上可供使用手段的不足。

法律是政治的延伸，是執行政治決定的工具。但法律訴訟並不是解決政治爭拗的工具，政治協商與投票箱才是。

但問題是，香港目前所處的境況是鳥籠民主下政治決策失衡無力。拒絕妥協的政治玩家與特區政府在苦無投票箱為最後裁決機制的政治體制下，轉而尋求以法律為依據由司法對政治問題作出裁決變成常態。這樣下去，對香港足以自豪的法治會造成怎樣的衝擊與損害，仍有待觀察。

（原刊於 2016 年 8 月 21 日《亞洲週刊》）

確認書是暴露港獨毒瘤的一面照妖鏡

主張港獨的香港民族黨舉行了一次聲稱為歷史性的公開宣揚推動港獨的集會。民族黨聲稱有過萬人參與，警方則指集會高峰時有 2 800 人。被拒參與 9 月立法會選舉的民族黨召集人陳浩天形容這次是香港首次的港獨大型集會，表明港獨已不再是社會運動，而是搞政治接管社會。同樣被拒參與 9 月立法會選舉的本土民主前線發言人梁天琦則稱要奪權，說港獨集會為奪權作了準備，表示有獨立意志的人面對獨裁政府應起革命。

新聞報道稱參與集會的大多數為年輕人，只有少數中年人。眾多參與集會的人中，有不少參與集會並不是為了支持港獨，而是抗議在立法會選舉提名中，選舉主任以政治主張為理由篩走了一些公開表明鼓吹港獨的參選人。

香港早已是一個公民社會。經過回歸前後數不清的本地、中國內地與國際政治事件的洗禮，香港絕大多數人都對公民權利看得十分重，特別是公民社會中的言論自由、自由選擇信仰與自由表達政治主張的權利都看得十分重，重得近乎是神聖不可侵犯的。因此，對於選舉主任通過對政治主張的審查而篩走公開鼓吹港獨的參選人，確實是引起一些人，特別是一些單崇尚自由而不認為自由應有任何限制的年輕人的極度不滿。

崇尚自由，但無視任何自由的行使總有不能踰越的極限，或在行使自由權利時故意對不能踰越的極限紅線視而不見，這不單是香港年輕人的問題，從某程度上來說，也是香港社會整體的問題。簡單來說，是整個社會普遍只講權利、不談義務的病態表徵。這也涉及了公民社會中兩個重要原則性矛盾。那便是公民社會中公民享有各種自由的權利的普遍性原則，與任何社會中公民維護國家主權與統一的義務的根本性原則的衝突而產生的矛盾。在這衝突矛盾中，香港一些人無意間或故意地混淆了主次。

香港作為中國主權下實行「一國兩制」的特別行政區，前提是國家主權、統一與領土完整，這是不能動搖的根本性原則。公民社會中公民享有的各種自由，包括言論自由、自由選擇與表達信仰與政治主張的原則，都是維護和不違反根本性原則規範下的普遍性原則。

這兩套原則的先後與主次，必須弄清楚。

在任何政治體制中，關乎國家主權與統一和領土完整的根本性規範原則，與賦予公民個人各種公民權利的普遍性原則的先後主次關係，都十分清楚。在國家主權統一與領土完整沒有受到威脅與挑戰的時候，公民權利受到普遍性原則所保障；但若國家主權統一與領土完整受到威脅，或公民行使的權利威脅與挑戰到維持國家主權與統一和領土完整的根本性原則時，任何主權國家必然重新強調與採取措施，肯定根本性原則的主導地位。

香港近年在政治上興起的歪風便是以公民社會自由行使公民

權利之名，行使那種近乎沒有任何約束的自由，包括一些年輕人甚而認為行使暴力傷害別人以達至目的也是可以理直氣壯被接納的。而那些因個人對大學管治的不滿，或個人對選舉主任的不滿而在大學民主牆上張貼針對個別大學管理層與選舉主任的四字粗口大字標語，已是司空見慣、毫無人格的卑劣行為。

從早年為自己的政治主張而衝擊破壞別人的活動或集會，到因不滿大學決策而肆意粗口侮辱和禁錮開會的大學校委，都假以「行使公民權利」之名。然後再到為自己政治主張而掟磚暴動，破壞社會安寧、威脅別人性命財產，這些人仍毫無羞愧之心，甚而理直氣壯認為那是公民社會中他們的權利。過去一年，平和的香港人真的大開眼界，看到一些人為了自己心中的真理，究竟可以完全不顧別人、不顧社會、不顧任何法律道德與倫理規範地去到多盡。

這種為一己之念而不顧一切的思維，引伸到國家主權統一與領土完整的大政治議題，入世未深的年輕人分不清先後主次，勉強可以諒解。但很多政客，卻別有用心地將港獨議題轉為倒次為主的政治操作，把普遍性的公民權利推到可以凌駕國家主權的根本之上，顛倒先後、混淆主次，對港獨問題含糊其詞。

香港的一些政客、學者，故意對這主次不說清楚。在被問到對港獨的態度時，均只一句「我個人不支持港獨」便意圖含混過去，而從來不表達他們明確反對港獨，也從來不明確指斥港獨主張侵犯國家主權統一與領土完整的政治事實。反之，更在言論及行為上以「維護表達自由」為名包庇鼓吹推動港獨的人。

這些政客與學者所持的態度，便是等同滑頭地對絕大部分不支持港獨的香港市民說自己不支持港獨，但同時又為拉攏支持港獨的少數人而轉過頭來對這少數人說支持他們有鼓吹港獨的自由。一方面說不支持港獨，另一方面卻支持別人鼓吹港獨的權利，那是怎麼樣的政治立場？這些政客與學者，實在太滑頭了。

不支持港獨，因為港獨侵犯了國家的主權與統一和領土完整的根本性原則、違反了《基本法》；但同時支持別人有權鼓吹推動港獨、侵犯國家的主權與統一和領土完整、支持別人違反《基本法》。這是甚麼政治邏輯？

泛民政客很多時候對很多他們不滿的政府政策措施，都毫不留情狠批為「違反《基本法》」；對於明顯違反《基本法》的鼓吹推動港獨行為，泛民政客的曖昧態度顯示了他們對港獨究竟持怎麼樣的曖昧立場？

立法會選舉中選管會提出確認書，參選人簽也好，不簽也好，都因確認書的出現而使所有作出參選聲明的參選人，明確明白他們聲明「擁護《基本法》」包含了擁護《基本法》第 1 條、第 12 條和第 159 (4) 條。那是政府的「陽謀」—— 要提醒參與立法會選舉的每一個人，都清楚明白按《基本法》所定「香港是中國不可分割一部分、在中國主權下實現『一國兩制』的政治體制」，並以此基礎作出參選聲明表態，不能在港獨問題上含糊其詞。

泛民政客，喜歡把香港所有出現的問題都推到特首梁振英先生身上。在港獨問題上也一樣，把港獨問題的出現歸咎於梁振英提出「警惕港獨」而打開這潘朵拉盒子，好像若梁振英不公開警惕抨擊港獨，港獨便不會存在出現一樣。

事實上，港獨這毒瘤，並非梁振英引致。反之，愈早把毒瘤暴露，愈有利於割切與治療。港獨這毒瘤暴露了，這是這次立法會選舉中每一名候選人均不可迴避的議題，這也是關乎未來 4 年立法會除了被無底線拉布的激進議員拉後腿外，是否更會被處處破壞中港關係的勇武港獨分子所困擾，關乎更長遠的未來「一國兩制、高度自治」是否能不受干擾地走下去的問題。

香港的選民實在不應容許任何一名立法會候選人在這次選舉中對港獨含糊其詞。任何人都可以討厭憎恨共產黨，但不能因這樣而分裂國家。真的要支持港獨分裂國家的便站出來說清楚，別再遮遮掩掩。

更重要的是，香港市民必須選出忠於自己信仰而正直誠實的人。這次選舉的確認書便是一面照妖鏡。一些鼓吹港獨的候選人，簽了確認書擁護《基本法》、擁護中國對香港的主權、擁護香港在中國主權下的「一國兩制」，轉過頭來卻又大放厥詞繼續依然故我鼓吹港獨，意圖把香港從中國分裂出去。

對於這樣的候選人，已不再是政治信仰與政治主張的問題，而是人格問題。

善良正直的香港市民必須思考的是，我們是否容許那些光着眼發假誓的人作為尊貴的立法會議員？善良正直的香港市民必須思考的是，究竟那些無恥地隨便不把自己的嚴肅聲明當作一回事，隨意違反自己的聲明承諾，眾目睽睽下講一套、做一套，言行不一的人，是否有資格作為代議制中代表我們的代議士？

（原刊於 2016 年 8 月 12 日《明報》）

「意見走廊」局限香港議題

「權力走廊」(Corridors of Power) 一詞，最初出現在 1956 年一本名為《回家》(*Homecomings*) 的小說，用以形容英國中央政府 (Whitehall) 各決策部門外的長廊。該書作者是在 20 世紀長期在英國政府工作及至後來曾任職英國工黨威爾信政府、並封為上議院男爵的英國作家查理斯．珀西斯諾 (Charles Percy Snow)。及後查理斯．珀西斯諾在 1963 年出版的小說更乾脆以《權力走廊》(*The Corridors of Power*) 為名，描述政府內部只極少數具決策權力的官員成了幕後左右決策的權力中心。

「權力走廊」(Corridors of Power) 一詞因查理斯．珀西斯諾的小說而成為納入英語詞典廣泛被使用的名詞，用以形容只少數人討論、施以政治影響力，便決定了重要政策的地方。

2013 年瑞典哥德堡大學一位教授 Henrik Oscarsson 使用一個稱為「意見走廊」(Opinion Corridor) 的名詞去形容某些意見表達和討論會被無形地局限的議題。他列舉了在瑞典社會一些議題雖然在社會上有不同意見，但鮮有公開討論，例如限制墮胎、減少接收難民、容許同性戀者領養孩子、對謀殺犯執行死刑等。

後來的瑞典學者把「意見走廊」的形成和少於討論一些議題的原因，歸咎於瑞典社會的「共識文化」。因「共識文化」而讓「意見走廊」形成，整個社會為「意見走廊」的形成而付出的代價是廣泛的自我審查、恐懼客觀地檢視現實和不相信爭辯的作用。這種現象出現的結果是（一）沉默的公眾、（二）道德恐懼的政客及（三）早該解決的社會問題繼續延續下去。

而在瑞典一項與「意見走廊」有關的民意調查顯示，除了大多數人感覺移民問題是禁忌外，也顯示受訪的人（一）對與慣常接觸社交圈子外的人進行辯論會猶豫、（二）左傾思想的人比較傾向民族主義或保守的人較敢言和（三）大多數人均怕被描繪為少數。

「意見走廊」也十分適合用於形容今天香港一些公眾以至政府及政客均迴避討論的議題。基於種種原因，一些影響香港社會、法治、經濟與民生發展、早應解決的重要議題，不論政府或民間，均不願意觸及。這些議題包括：

（一）涉及國家安全的《基本法》第 23 條立法問題。

（二）限制以酷刑聲請為理由的假難民大量湧入。

（三）由香港特區政府行使審批權決定內地移民來港。

（四）對中學生實施國民教育的討論。

（五）本土、香港自治與獨立的討論。

（六）中國在香港的憲政地位的具體實施與相關權利行使的討論。

「意見走廊」的出現，使這些影響香港現狀與長遠發展、早該攤開來討論的議題，一直未能在沒有相互指斥的環境下平靜理性地討論。市民見到的只是任何人提出這些問題，得到的便是激進分子以自己的政治取向主導，對不同意見進行口號式的指罵，阻嚇別人討論。

以 2012 年國民教育事件為例，一些政客、律師與學者及個別根本連國民教育教案都沒有看過的所謂家長代表，一句「洗腦」，便將任何國家都會實施的國民教育妖魔化，鼓動心智不成熟的中學生上街反對，而迫使特區政府把國民教育束諸高閣，從此對應否推行國民教育不容再討論。

自由社會中成年人的世界，任何政治議題都可以討論，不應有「意見走廊」的存在。也因如此，公眾不單應就是否重推國民教育公開討論，公眾也可以對涉及國家安全的《基本法》第 23 條立法提出尖銳的意見、提出應立刻就第 23 條立法或提出立法會沒有全面普選前不應就第 23 條立法的論述。這些都是不應該有任何禁忌，可以自由討論的。

同樣地，公開嚴肅、和平而理性的討論，也應包括中央政府具體實施憲政賦予對香港特區可以行使的權力，包括涉及中央與特區關係及特區政府與香港市民在國家安全、國家統一與領土完整問題上的責任與義務的嚴肅議題。本土港獨分子和反對中央政府的人不能一句反對和防止中央政府介入本地事務，便可以把這些議題束諸「意見走廊」高閣。特區及中央政府更不應因反對者這些似是而非的反對理由，便對這些議題避諱，任由「意見走廊」沒有止境地延伸。

「港獨」議題是否可以在中學校園內討論近日成了熱門話題。在這話題上，香港教育局模稜兩可不敢承擔的立場令人失望。教育局局長一句相信中學校長與教師有足夠專業知識處理，便逃避了在這話題上表明中學校園絕非討論「港獨」合適場地的立場，使「港獨」討論是否可以在學校出現嘎然終止，把責任推向學校，繼續埋首「意見走廊」的沙丘；間接讓鼓吹「港獨」者與推波助瀾者搶佔獨霸論述平台，使極小撮鼓吹「港獨」者有更大的活動空間。

特區政府表明「港獨」違反《基本法》，不容許在中學校園宣揚鼓吹。但同一批曾在 2012 年國民教育事件中阻止中學推行國民教育的政客、律師與學者，這次卻以「言論自由」為理由，以學生甚麼問題都可以討論為理由，支持一些由根本連所屬學校名字也不敢說出來的個別學生，鬼鬼祟祟以甚麼「關注組」的名義在中學校園內鼓吹「港獨」。

這些政客、律師與學者以言論自由為理由，對宣揚鼓吹「港獨」的年青人推波助瀾，意圖把香港與中國割切，突顯了這些政客、律師與學者念念不忘自己在殖民地時代享有特權地位的戀殖本質。

這些在 2012 年阻止政府推行國民教育的戀殖政客、律師與學者有維護過學生接受國民教育的權利嗎？有維護過學生在學習中討論或批判國民教育內容的權利嗎？今天這些戀殖政客、律師與學者對「港獨」議題進入中學暗裏推波助瀾的態度，正正顯示了他們所謂的「言論自由」，只是用以掩飾他們濃濃不散的戀殖本質，意圖使「港獨」毒瘤在中學校園內滋長爆發。

現在鼓吹讓中學生討論「港獨」的政客與學者，正也是最初那批嚴厲批評特首無事生非，通過批評警惕大學生「港獨」傾向，把「港獨」問題放上枱面、激發社會就「港獨」問題爭論的同一批政客與學者。由不讓特首提出討論注意警惕「港獨」問題，一下子變臉到鼓吹中學生可以自由討論「港獨」，這些政客與學者到底暗地裏在算盤些甚麼？現在鼓吹讓中學生可以自由討論「港獨」的政客與學者及有明顯政治取向的教育專業團體，正是當年那批堅決不讓中學生接觸國民教育的同一批政客與學者及教育專業團體。究竟他們在維護言論自由，抑或意圖在校園內對中學生進行洗腦灌輸他們的政治取向？

這些大是大非的問題，必須讓各種不同意見公開呈現，讓公眾檢視，由公眾參與討論；不讓小撮別有用心的人在中學封閉的環境對心智未成熟的中學生進行「港獨」洗腦。特區政府必須明確表達立場、詳細闡釋理據。任何逃避或忌諱，只會任由一方或是以港獨違法不容討論掩耳盜鈴一言以蔽之；或是以一句維護言論自由而蒙蔽了鼓吹港獨違反《基本法》根本與嚴重破壞「一國兩制」憲政安排的事實。

真理與事實，始終會愈辯愈明，愈多人參與討論，愈能令更多人明白掌握事實，達致對問題的統一認識。香港的問題是少數人不斷重複歪理、大多數人沉默和政府處處迴避討論爭議性的議題使很多很多的歪理變成真理。「港獨」爭論，不能迴避。就「港獨」問題在社會層面進行針鋒相對的辯論，是糾正歪理重奪話語權的契機，避免被走向偏激極端的一小撮人，以假民意騎劫了大多數人對這大是大非問題的正確認識。沉默的大多數，絕不能因為被一小撮人不斷重複的歪理雜聲掩蓋而以為自己是少數而拒絕發聲。

港大校長馬斐森在新學年開學禮中說「港獨」並非可行選擇，竟然也遭激進的學生會會長孫曉嵐質疑為甚麼港大校長就政治議題表態。孫同學的質疑便是鼓吹「港獨」及推波助瀾者的一貫做法：政治議題只有他們才有話語權，構建禁止別人表達意見的「意見走廊」。

有關「港獨」的討論，本質是捍衛《基本法》這大是大非問題上話語權的爭奪，在這每一個人都可以自由表達意見、包括一些人每天都可以自由地宣揚歪理的地方，維護言論自由只是偽命題。特區政府與公眾一樣具有表達意見的權利，更重要的是特區政府更有向所有人申明立場的憲制責任。不論特區或中央政府均毋須恐懼別有用心的政客與學者有關侵犯言論自由的攻擊，堅持責任堅定地依據《基本法》及法律的明確規定，不厭其煩地反覆表達不容以任何形式在中學校園內宣傳鼓吹港獨的立場。使以維護言論自由為幌子、用恐共仇共言論挑撥港人、否定港人中國人身分這根本的妖言惑眾者和躲在背後別有用心的推波助瀾者的陰謀無所遁形。

（原刊於 2016 年 10 月 2 日《亞洲週刊》）

北京掌握下的香港特首選舉

在上世紀 80 年代中英兩國就香港前途展開談判，英國提出「主權換治權」被中國拒絕後，中英集中討論的是中國承諾在香港回歸中國後實行「一國兩制、港人治港」的內容。

在「一國兩制、港人治港」內容的中英談判中，中英雙方為選舉問題糾纏了最長時間。已公開了的資料顯示，差不多在當年鄧小平定下談判期期滿前夕，中英雙方才能就特首選舉達成共識，把行政長官由選舉產生的條文寫進了《中英聯合聲明》。但應該留意的是在《聯合聲明》中，中英雙方同意的是特首不單是通過選舉、而是通過「選舉或協商」產生，由中央人民政府任命。

在《基本法》中，特首產生方式抄進了《聯合聲明》中「選舉或協商」產生的條文。後來才由人大決定由「選舉」產生。但「選舉」包含甚麼內容？從簽署《聯合聲明》便已有人質疑英國為了急於與中國就香港前途問題達成協議，沒有在《聯合聲明》中為「選舉」定義。其實，在中英談判期間，中方官員便認為選舉中「協商」人選是「選舉」所包含的內涵，也是選舉的一種方式，因而《聯合聲明》便有了特首「選舉或協商」產生的條文。

真正的民主選舉的特徵是「不可預測性」(unpredictable)。特朗普能最終成為美國總統大選候選人，展示的便是這種不可預測性。對於憲法中明言由中國共產黨一黨專政非民主的中國來說，舉行真正公開、沒有篩選、不可預知結果的選舉是沒有可能的。也因如此，在中國，即使是唯一公開的基層民主選舉，仍然是在嚴加控制下進行。若有差池，官方也會毫不遲疑地糾正。曾經廣受廣東省汕尾市烏坎村村民支持、在 2012 年被選為村委會主任的林祖鑾，最近便在中央政府對地方新一輪收緊控制的浪潮下，以貪污受賄罪被拉下馬。

早在中英就香港前途展開談判時，已有對中國共產黨有認識的人指出，對共產黨來說，不能預先掌握結果的選舉，共產黨是不會搞的。這一點香港人必須認識。從這認識的基礎上去看人大「八三一」決定，便可以了解為甚麼共產黨要在特首選舉中篩選候選人了。也是從這基礎認識和在認識到共產黨本質並沒有改變的基礎上，便可以知道「八三一」決定短期內根本沒有可能改變。香港的反對派聲稱以推倒「八三一」決定為前提來重啟政改，只是癡人夢話。

用「共產黨對未能掌握結果的選舉不會搞」這基本認識的角度去檢視 2012 年的特首選舉，嘗試了解發生了甚麼事，了解共產黨眼中可能產生的失誤，對於了解共產黨會怎樣看即將舉行的新一屆特首選舉有很大的幫助。

如果從共產黨的角度去看 4 年前的特首選舉，從已披露的事實，可以看出 2012 年發生了除泛民主派候選人外的兩位建制派候選人競爭，並非原來的設計。但即使發生了，共產黨經衡量認為仍可掌握最終的結果。因此，2012 年的情況大概應該是這樣的：

（一）唐英年是中央在 2012 年前已精心培養部署的特首候選人。

（二）唐英年是 2012 年特首選舉中央欽點的不二人選。

（三）梁振英的參選是通過他個人的堅持，最初並沒有得到中央的祝福；這也是他和他的團隊說他的提名票是「打石仔」一票一票爭取回來的意思；相信也是實情。

（四）在梁振英取得足夠提名票後，中央政府大概是在衡量過仍然可以掌控結果讓唐英年當選，在無可奈何的情況下，將選舉視之為一次已有泛民與建制競爭的選舉中增加競爭元素的選舉。

2012 年的選舉中，唐英年的地宮僭建被揭發後拙劣表現影響民望，並不是中央後來放棄他的原因。在激烈競爭的選舉重要關頭，他以公開行政會議內討論的內容作為攻擊梁振英的彈藥，違反了至為重要的保密紀律，才是中央放棄他、把仍然可以掌控選舉結果的力量最終押在梁身上的原因。

唐英年在特首選舉中的失落，也代表了在建制陣營中他所代表的整個長期主導政府政策與施政的利益集團的失落。建制陣營因此而嚴重撕裂，至今仍無法癒合。相信對於這結果，北京政府是深感遺憾，不希望再次出現的。

前瞻即將要舉行的 2017 年特首選舉，雖然不斷有消息傳出中央希望來一次有競爭的選舉，但中央政府基本思維沒有改變，那亦即是對共產黨來說，不能掌控結果的選舉共產黨不會搞。在獨特的香港特首小圈子選舉中，這卻與有競爭的選舉沒有衝突——如果競爭者是來自反對派陣營的話。

從這角度來推論說北京政府屬意 2017 年的特首選舉只容許一個來自建制陣營的人參與的話，那將不會是一個不合理的推論。事實已說明，在北京眼中，2012 年 2 位建制候選人的廝殺引致建制陣營撕裂至今仍未能癒合，也無可能癒合。北京不願意看到的是建制陣營會因 2017 年特首選舉而進一步撕裂。

依這大概不會是不合理的推論，若有人說北京願意接受 2017 年特首選舉有 2 位建制候選人進行真正的競爭，只是一些人的主觀願望。正常情況下，依共產黨對選舉的思維，北京應該不會容許不單不能掌控結果，而且會引發進一步建制陣營撕裂的競爭。

接下來的問題是，北京屬意誰參選？這個人會不會是梁振英？

從梁振英過去 4 年多的表現來看，他是一個嚴守組織紀律的人。中國國家主席習近平一句「疾風知勁草」道出了中央對他的看法。也因如此，假若北京接納了很多反對派以至個別建制派人士的說法，以民望為理由不屬意梁連任的話，梁應該不會參選。這也是至今他仍未公開表態參選的原因 —— 因為中央仍未有決定。

假若北京決定讓梁振英參選，實在看不出甚麼理由會令中央不希望一個現任特首連任，而讓他參選僅僅作為一次已預知結果的有競爭選舉中的陪跑者。而且從梁振英的角度來看，經過 4 年多被密集的人格謀殺後的低迷民望、建制陣營與管治班子一些人爭相走避看風使舵的現況，若無北京祝福，再靠自己「打石仔」一票一票爭取，不單完全沒有勝算，甚而連足夠的提名票也很有可能爭取不到。

經過 2012 年建制內「有競爭」的特首選舉帶來的建制內部撕裂慘痛經驗，如果反對派不派人參選，北京絕對有可能就只讓一個建制候選人參選。事實也表明，目前眾多可能參與的人選包括梁振英在內都在等待北京祝福。沒有北京的祝福，誰都會按兵不動。

進一步說，假若北京對建制不能完全駕馭，2017 年的特首選舉中出現了多於一位來自建制的候選人，情況也只有 2 個。但前提應該是北京不會讓發生在 2012 年的變數再次發生。經過 4 年多泛民、反政府媒體以至港獨分子對特區政府以至中央政府的肆意攻擊、鼓動扭曲民意對抗中央政府、質疑中央對香港的憲制地位，這樣的民意不會再是北京的考慮。

因而第一種可能是北京會在選舉中掌握及堅定支持當中北京屬意的真命天子，任由這場「有競爭」的戲繼續做下去，但無論怎樣也不會改變押注在屬意候選人身上的決定。

另一個可能是在這場中央駕馭不了的「有競爭」的特首選舉中，北京會容許個別建制人士通過其他渠道，明示或暗示北京屬意候選人以外的建制陣營候選人是建制陣營的背叛者，或把非北京屬意候選人標籤為反對派推出來意圖搗亂北京部署的人。而北京的對應也同樣地是堅定押注支持保證屬意的候選人當選。

對北京來說，在目前小圈子選舉下，任何一個選出的特首都不可能有足夠的民意授權（mandate）。除非這樣產生的特首屈服順從於反對勢力之下，否則，他只能如梁振英一樣，是反對派與反政府媒體不斷肆意攻擊和人格謀殺的對象而全無反擊之力。

對於北京來說，梁振英的優點是堅實執行中央對港政策、是他並不太在意反對派對他的批評、攻擊和人格謀殺。反對派以此指他拒絕溝通，但公眾看到的倒是反對派拒絕與他溝通，然後把拒絕溝通的罪名往他身上塞。最新鮮的例子莫過於新一年的施政報告，梁振英邀請各界各黨派見面，作為重要民意代表影響政府政策的兩大泛民政黨，連考慮也不考慮便一口決絕了與梁見面。2 個泛民主要政黨不當這種不負責任的行為是怎麼一回事，然後過了一些日子，他們以為市民已經忘記他們的歪理惡行，又一次故技重施攻擊梁振英不與他們溝通。

面對歪理如此的政客，在橫洲事件中，看到在政府決策被反對派質疑重要關頭時便急急與特首劃清界線的殖民地時代遺留下來的高級政府官員，北京政府除了支持態度強硬、不理會批評、堅定執行中央對港政策的人當特首外，還可以有甚麼選擇？

可以預見，中央會要求一個強硬的下任特首。面對強橫的反對派，沒有民意授權的特首須要強硬；面對港獨分子，中央政府需要強硬的特首捍衛中央在香港的憲政地位。這是在民主問題上一時浪漫地高呼寸步不讓、不肯妥協的泛民政客與支持他們的香港人在浪漫過後，必須面對的嚴峻而艱辛的政治現實和深刻教訓。

（原刊於 2016 年 10 月 30 日《亞洲週刊》）

被遺忘了的新憲政秩序

因為梁頌恆與游蕙禎2名當選立法會議員在就職宣誓時宣揚港獨、侮辱中國人及侮辱中國，導致全國人大常委會於特首梁振英申請司法覆核他們2人宣誓無效的官司尚未有裁決時，主動就《基本法》第104條關乎特首、主要官員、行政會議與立法會議員及法院法官與司法人員宣誓「效忠中華人民共和國香港特別行政區」條文主動釋法。雖然審理司法覆核梁游2人宣誓無效的法官在判令梁游敗訴時，說明釋法與否不影響他的判決，但全國人大常委會釋法的決定招來一些人的強烈反對。

反對釋法的部分人認為人大常委會無權主動釋法，他們認為人大常委會主動釋法違反《基本法》第158條第2及第3款，人大授權香港法院解釋《基本法》及釋法須由終審法院提請的條文，損害了香港的司法獨立；亦有反對者認為雖然人大有權主動釋法，但不應該在有涉及《基本法》條文案件審訊期間進行和釋法的範圍已超越了純粹就第104條作解釋的範圍，等同向正在審理案件的法庭發出指令。

這一次釋法引起的爭論，又是另一次持不同政治取向的人對「兩制」不同詮釋的爭論。但恐怕參與爭論的人都忘記了在香港回歸中國時，曾經有一種獲廣泛接受的說法，那就是隨着香港主權由英國回歸到中國，一種新的憲政秩序（new constitutional order）亦隨之產生。新的憲政秩序的產生源於香港從一個資本主義民主政體的宗主國回歸到一個共產主義一黨專政的宗主國，由一個奉行普通法沒有成文憲法法律體系的宗主國回歸到一個行大陸法並為香港制定成文小憲法《基本法》的宗主國。新憲政秩序的出現是為了保持香港現行社會、經濟及法律制度，同時也要適應宗主國的改變而在香港實行有別中國其他地區的「一國兩制、高度自治」的實際需要。

在這新憲政秩序中，香港特別行政區的設立源於中國憲法第31條，香港特區的立法、行政及司法權力均源於《基本法》，亦受《基本法》所規範。這新憲政秩序體現的改變是香港從原來一個實行普通法的英國殖民地，改變為實行大陸法的中國主權下按《基本法》規定，繼續實行普通法的特別行政區。

普通法的特徵是法院對任何成文法律法規具最終及唯一的解釋權。但在中國法律體系中，法律最重要的作用是作為政府對國家進行有效行政管理的工具。這也就是在西方的法律學者眼中，中國的法律制度並非西方社會所認知的法治（rule of law）制度，而是一個龐大的國家行政管理體系（state administration system）。因此，中國的法院在審理案件時對有關涉及法律法規條文的理解及判決，對執行這些法律法規的行政部門並沒有約束力。立法機關和獲立法機關授權的行政部門為詮釋有關法律法規發出的執行細則或指令，才對執行部門具約束力。

這種法律概念的根本差異和對法律解釋權的差異，從香港主權回歸中國開始，已存在於新憲政秩序中。只是回歸最初幾年，真的是平穩過渡，並沒有出現一些人認為「一國」之下沒有可能實行「兩制」而必然出現亂局的預言。「馬照跑、舞照跳」一切不變的狀況掩蓋了 2 種不同制度的根本差異和矛盾。也因如此，隨着「一國兩制」悄然存在的新憲政秩序，很快便被人遺忘。

除了為「一國兩制、高度自治」而在《基本法》確立繼續保留普通法及確立本地法院對《基本法》條文的解釋權外，在新憲政秩序下，最大的改變是在《基本法》中，宗主國的立法機關即人大常委會保留了解釋《基本法》的權力。

《基本法》第 158 條第 1 款保留了人大常委會對《基本法》的解釋權；但同時為了「兩制」與「高度自治」而在第 2 款通過人大常委會授權確立香港法院審理案件時，按普通法的原則對本地自治範圍內的《基本法》條款的解釋。《基本法》第 158 條第 3 款容許香港法院解釋自治範圍外的其他《基本法》條款，並確立香港終審法院就案件中處理中央和特區關係條款向人大常委會尋求釋法的程序。

應該注意的是人大常委會並沒有因為通過《基本法》第 158 條，授權香港法院解釋《基本法》或詳列終審法院尋求人大常委會釋法程序的條文，而放棄了人大常委會主動釋法的權力。事實上，在 1999 年的一宗終審法院審理的案件中，前任終審法院李國能首席大法官便清楚裁定《基本法》第 158 條第 1 款賦予人大常委會「解釋《基本法》的權力，是一般性和不受制約的權力」(FACV10&11/1999 判詞第 57 段)。

因此說「人大常委會主動釋法是違反《基本法》規定」是站不住腳的。提這種說法的人，反映了他們主觀上不願意接受隨香港回歸中國而產生的司法解釋與立法解釋並行，而且立法解釋具凌駕性的新憲政秩序。

激烈反對釋法者似乎都有一種強烈的戀殖情懷，故意忘記隨着香港回歸中國而存在有別於純普通法法制的新憲政秩序，思想怠懶地懷緬法庭對任何法律條文具最終及唯一解釋權的殖民地時代，視任何非法院釋法為侵犯法治與破壞司法獨立；不肯接受在新憲政秩序下，普通法法院對《基本法》的解釋並不是最終及唯一、不肯接受新憲政秩序下人大常委會「解釋《基本法》的權力是一般性和不受制約的權力」。法律界立法會議員郭榮鏗說香港法庭可以不依人大釋法判決，便是這種拒絕接受新憲政秩序、誤導公眾、抗拒人大釋法權、堅持法庭享有最終及唯一解釋權的戀殖思維的延續。

剛獲任命為天主教助理主教的楊鳴章先生雖然認同《基本法》賦予全國人大常委會釋法權力，但質疑人大是否要「有權用盡」。楊鳴章先生的批評涉及了管治方式。無疑，在回歸前 10 多年是殖民地政府因屬一個外來政權缺乏正當性（legitimacy），為了懷柔而實施的「輕手管治」（light-handed government），那十多年便是戀殖者今天仍然懷緬的殖民地香港的黃金歲月。

回歸後的 10 多年，北京不單是「輕手」，而且幾乎是「放手不管」。但結果是 19 年過去了，在中央政府眼中，「一國兩制」已「走了樣」，社會上瀰漫着一片只顧「兩制」而排擠「一國」的歪風。北京主動釋法正是中央政府以行使「不受制約的權力」來對付這股明目張膽，否定中國對香港不可爭議主權的勢力，制止這股勢力入侵香港的立法機關，意圖在立法機關散播把香港從中國分裂出去的言行。對於中央政府這次的「有權用盡」，香港從政者特別是仍然理性的泛民政客，必須反躬自問而非盲目排擠抗拒，正本清源，認真了解中央政府於此時重新強調及行使其應該是備而不用的權力的原因，針對處理，平心靜氣地積極參與，把釋法的負面影響盡量減低，才是香港之福。

（原刊於 2016 年 11 月 16 日《明報》）

北京釋法的政治現實與理據

青年新政2位當選香港立法會議員梁頌恆及游蕙禎，還沒有坐穩立法會議員席位，便已在宣誓就職時宣揚港獨辱華，結果不但宣誓不獲接納，還引起全球華人公憤，引發特首梁振英親自提請司法覆核阻止立法會主席梁君彥讓兩人再次宣誓。在司法覆核尚在聆訊等待裁決時，中央政府亦主動啟動人大常委會就2人宣誓依據的《基本法》第104條條文進行釋法。

梁、游2人在宣誓時宣揚港獨，違反對中華人民共和國香港特別行政區效忠的莊嚴誓詞，更以「支那」一詞侮辱中國和全體中國人、以英文4字粗言侮辱中華人民共和國，這是絕大多數中國人所不能接受的。

事後梁頌恆一時狡辯鴨脷洲口音錯讀英文China為「支那」、一時說「支那」一詞沒有特定針對任何人。這種砌詞狡辯，敢說不敢認，完全無意為自己言行承擔責任，顯示其品格的低下，怎配當一位尊貴的立法會議員、民意代表？

梁、游2人的行為固然可恥，但一眾傳統泛民主派政客對「港獨」的模糊態度同樣可恥。自港獨思潮在一些年輕人中間興起氾濫，泛民政客一方面假惺惺的說不支持港獨，但從來沒有譴責港獨者的主張及為推動港獨而進行的一切惡行，反之在行為上處處以維護言論自由為借口對港獨主張包庇鼓勵。加上香港一些媒體的大力配合掩護，使港獨思潮在年輕人中氾濫。

「港獨」主張早在 2013 年中到 2014 年初，已由一些後來在 2014 年參與及領導佔中的香港大學學生在港大學生會報刊《學苑》提出。梁振英在 2015 年施政報告中提出警惕港獨，揭開了港獨的潘朵拉盒子。泛民政客一貫做法是把社會上出現所有的問題都歸咎到梁身上，港獨問題也一樣，泛民政客說梁提出警惕港獨才是引發港獨爭議的罪魁禍首。這是一種典型的倒果為因、顛倒是非的說法，好像若梁振英不提出警惕港獨，港獨便永不存在或港獨的潘朵拉盒子便永遠不會被打開。這完完全全是一種對人不對事、為了仇恨一個人便不擇手段地誤導公眾、扭曲是非的卑劣卸責行為。

有關港獨思潮在年輕人中氾濫，最初並非由梁振英提出。最初公開提出在大學裏有接近百分之四十的學生接受港獨思潮，是我在 2014 年 12 月初出版的《亞洲週刊》最早提出，當時我在文章中說「年青人選擇了偏離傳統……摒棄了傳統民主派的民主回歸大中華情懷……吶喊『香港民主獨立』」。我並且在 2014 年文章中引述《學苑》港大民調，警惕「當有如港大學生民調所顯示高達百分之四十的年青學生贊同這種主張的時候，對於整個社會，這將是一個令人擔憂的訊號」。

一直以來，關心香港政治的人都認為傳統泛民必須與主張「港獨」與「自決」的一伙劃清界線，港獨才不足以為禍。但不幸的是在過去 2 年，可見到的是傳統泛民不單沒有與「港獨」與「自決」一伙劃清界線，甚而甘願被激進港獨分子牽着鼻子走，邊說不贊同港獨、邊處處加以包庇維護，直接協助壯大了港獨的聲勢。反過來竟說是梁振英的責任，這種指鹿為馬、賊喊捉賊的下三流手段實在令人嘆為觀止。

一眾傳統泛民政客的一些行徑，基本上是為了反共、反中央政府、反梁振英而變得毫無原則可言，他們一方面可以因為梁君彥最後一刻才放棄英國國籍當立法會主席而大造文章聲討，對梁君彥提不信任動議；另一方面，卻可以對公然在立法會議事堂莊嚴的宣誓中侮辱中國、侮辱全體中國人的行為視若無睹，甚而包庇為幽默或僅僅批評為不智。同樣是關乎國家效忠的問題，泛民政客可以雙重標準如此，他們骨子裏究竟在想甚麼？他們骨子裏究竟還有沒有國家？

中央政府決定就《基本法》第 104 條關乎特首、主要官員、行政會議與立法會議員及法院法官與司法人員，宣誓效忠中華人民共和國香港特別行政區條文主動釋法，恰恰反映了中央政府認為「一國兩制、高度自治」走到今天，已偏離了原來的設想，也就如中央政府所說的「走了樣」；而中央政府的結論是香港現行的機制根本不可能有效糾正，因此有必要主動出手處理。

香港大律師公會與泛民均抨擊中央政府在法院審理有關宣誓的司法覆核官司尚未有結果時釋法，是破壞香港的法治、破壞「一國兩制」。這些觀點忽略了一個重要的政治現實，那便是在港獨問題上，他們口中的法治與「一國兩制」究竟在帶領香港走向怎麼樣的方向？是不是繼續讓三幾個囂張的小丑視莊嚴的立法會議事廳為馬戲班的表演台？是不是繼續讓一小撮人披着法治的保護外衣公然侮辱全球華人、侮辱中國？繼續把香港人、香港特別行政區和自己的國家愚弄？

面對一面倒的強大輿論壓力，大律師公會主席譚允芝也開始轉變口風，表示相信人大常委會明白港人對釋法的憂慮，不會動輒釋法，但當有人觸碰國家安全及領土完整等中央底線時，國家沒有其他辦法；譚允芝認為就議員劉小麗逐字慢讀把宣誓變成不連貫的單字，不符宣誓要求，法例沒清楚說明該多快才符合要求，她認為如釋法能令法例更清楚，未必不是好事。

譚允芝的說法，間接接受了 2 個小丑辱華宣誓是一個政治問題，而不是法治問題。任何受過普通法訓練的人都明白若法例條文不清晰，解釋的權力與責任在法院。作為大律師公會主席的譚允芝接受因為法例沒清楚說明，而認為如人大釋法能弄清楚未必不是好事，是間接接受了香港法院雖然在言論自由與公民權利問題上能對公民作出充分保障的裁決，但在國家效忠問題上，卻根本沒有能力顧及和處理好中央政府對維護國家主權、領土完整與要求國家效忠的要求。

香港人經歷了 156 年的英殖民統治，行英式法制，法庭審理案件均以英語聆訊，直至回歸前 10 多年才開始在裁判署和地方法院局部以粵語審訊。香港人對於法庭以非母語審訊也習以為常。

一件涉及對國家效忠宣誓是否有效的案件，審訊是以非涉案主權國家官方語言審訊，而代表律師中也有非本國國籍的大律師為代表。就甚麼才是對主權國家有效的宣誓效忠，由一個並非相關主權國家國籍的律師以非相關主權國家官方語言作出陳詞。從一個外國人的角度看，便是一件非常滑稽的事。抽離香港的特殊環境去看，美國的法庭會容許一個中國籍律師在法庭就甚麼是有效效忠美國憲法的訴訟中，代表其中一方用中文作出陳詞嗎？

當然有人會說香港是國際城市，英語是官方語言之一，外籍律師在香港執業是法律容許的，沒有問題。但必須指出的是在對中國的國家效忠問題上，適用標準與必須堅持的要求與香港是不是一個國際城市扯不上關係。任何涉及分裂國家與國家效忠的爭議上，標準與要求絕對不會因為香港是一個國際城市而有所妥協。

在涉及國家效忠訴訟上，當事人與有發言權的人的國籍絕對重要。假若梁、游 2 人並非中國籍，根本連直選議席也沒有。法庭內並非中國國籍律師代表游蕙禎陳詞，除了言論自由的一般性公民權利和三權分立法制原則的陳詞外，他還可作出甚麼關乎效忠中國的切身和具說服力的觀點陳詞？中央政府會否就這樣容許香港的法院單單圍繞着普通法法律程序與原則在兜圈子中迷失、有意或無意忽略了宣誓效忠問題中的政治含義？

法律界以至司法界人士一直說法律與法庭解決不了政治問題，完全沒錯。但在游、梁 2 人以至其他幾位本土派議員宣誓的有效性問題上，現在面對的恰恰就是政治問題。

任何地方出現政治爭議，只能以政治手段解決。所謂政治手段，或是如殖民地時代一樣以行政手段由上至下通過殖民地宗主國的政治指令解決，或是以民主方式解散立法機關重新選舉解決。回歸後的香港這兩種政治手段都不存在，因而只能交由法院解決。中央政府對香港法院在處理政治爭議時是否可以按中央理解的「一國兩制」做決定，是充滿疑慮的。中央政府多次強調必須保證「一國兩制」「不走樣」，正是表達了中央政府對「一國兩制」越來越走樣的憂慮與警告。

無疑，人大常委在案件未有審結判決前，就在審訊案件中相關《基本法》條文主動釋法，是政治干預司法。但一貫強調對國家良好治理（Good Governance）重於民主與個人權利的中國政府眼中，問題重心並不在於是否政治干預司法，而是司法是否在促進抑或在阻礙特區政府對香港的良好治理，司法是否能有效處理並非屬司法範疇的政治問題。

在中央政府眼中，梁、游 2 人宣誓中公然辱華、否定中國對香港主權，不單不受制裁，而且仍可坐在立法會中否定中國主權，是嚴重的政治問題。釋法是中央政府處理梁、游宣誓事件的唯一選擇，釋法便是以近乎殖民地時代英女皇會同樞密院對殖民地香港政府發出指令（Order of Queen-in-Council）般具充分法律依據的政治手段，解決現行法律條文下法庭解決不了的政治問題。

（原刊於 2016 年 11 月 20 日《亞洲週刊》）

司法覆核成為旁門左道

隨着香港特首會同律政司司長，對梁頌恆、游蕙禎 2 人宣誓就職立法會議員的宣誓有效性進行司法覆核勝訴後，特首梁振英再就 4 位議員梁國雄、劉小麗、姚松炎及羅冠聰的議員資格向高等法院提出訴訟，指 4 位議員宣誓效忠國家及香港特區時並非真誠，因而應判定宣誓無效及失去議員資格 。

對港府在梁、游案後的後續行動，一般的評論是隨着梁、游 2 人經司法覆核後喪失議員資格，港府新一輪的入稟司法覆核不真誠宣誓議員的議員資格，是向敵視中央政府及特區政府及無意效忠中國及特區政府的議員，通過法律程序展開清洗的第二波行動。

但事實上，殖民地時代末代港督彭定康於 11 月底來港，在演說中便當着自決、港獨派議員面及對一眾泛民政客、泛民支持者和學者以強硬措辭指出港獨無出路，希望中共倒台而達致港獨只是一些人的妄想；彭定康更指出自決與港獨根本不能區分，只是文字遊戲。彭定康的演說令一眾新舊泛民政客及支持者尷尬的是，在人大主動釋法及港府司法覆核梁、游兩人議員資格一事上，彭定康不單沒有對泛民所持看法作任何言論上支持，更嚴詞明確指出宣誓是非常莊嚴而非兒戲的事。彭定康形容梁、游 2 人的行為為小丑的笨拙行為 (antics)。

被泛民人士視為積極推動香港民主以達致高度自治、捍衛香港「一國兩制」、法治與人權衛士的彭定康，並無對人大主動釋法或港府的司法覆核行動作出批評，理由很簡單。彭定康是英國資深政客，深明香港在中國主權下的新憲政秩序中，人大釋法具充分法理依據，司法覆核也完全依法而行。作為前宗主國派港的末代港督，他並不能如不誠實的一些泛民政客般故意曲解《基本法》、信口開河誤導公眾，無視政治現實與法理依據。

梁、游事件，使一眾泛民政客對港府新一輪的司法覆核行動不知所措。在港府提出新一輪司法覆核後，一眾泛民議員條件式的反應又是針對他們最大及唯一的敵人 —— 特首梁振英，以新一輪司法覆核攻擊梁振英，誇張地稱之為「狼英搞政變，向選民宣戰」。

資深民主黨議員涂謹申指責港府新一輪司法覆核是「梁振英透過『旁門左道』來否定選民的意志」。這樣的評論出自一位執業超過四分之一世紀的律師之口，實在使人無言。就如專欄作家屈穎妍女士說：「一位律師，竟然說司法覆核是『旁門左道』，那是他對法律的無知？還是對香港法治的污衊？一個普通市民批評法官、評論審訊中的案件已犯藐視法庭罪，涂謹申律師批判司法覆核這合法法律行為是『旁門左道』，又算不算藐視法庭？」

涂謹申議員因為這次司法覆核不合他意或這次司法覆核，有機會得出他不希望出現的裁決，便把過去幾年泛民主派用得最多的司法覆核批評為「旁門左道」，這正正反映了一眾長期仇視梁振英個人、敵視中央政府與為反對而反對現特區政府的傳統泛民政客的扭曲心態。因仇恨一個人，使他們在很多大是大非問題上迷失，在如梁、游宣誓辱華、議員理應有責任真誠宣誓效忠國家與特區政府這基本常識的大是大非問題上，一眾傳統泛民政客不單進退失據，更被他們對梁振英一個人的仇恨蒙蔽，連基本的法治基礎原則也忘記，狂妄指稱司法覆核的正常法律程序為「旁門左道」。

涂議員的高見，作為泛民主派政治人物喪失自誇高舉法治的道德高地，作為律師有違律師尊重獨立司法的法治精神。

涂謹申議員狂妄之言，不單污衊了香港法治，更使人看清楚了原來「司法覆核」在傳統泛民政客眼中是泛民的專用工具，是用來阻延港珠澳大橋工程、審查政府對高鐵追加撥款的正義手段。但當司法覆核被用作檢查他們處處包庇、敵視中央與特區政府的議員的宣誓是否符合法律規定要求時，在傳統泛民眼中便變成了「旁門左道」。

我不知道若這「旁門左道」的門路真的成為特首成功褫奪 4 位議員資格的手段，涂議員會如何進一步評論這「旁門左道」案件中作出裁決的法官；又或者最終港府司法覆核 4 位議員資格的官司被法庭否決了，涂議員究竟又會對這他形容為「旁門左道」手法達致的結果會有何評論。

在馬克思主義的法律概念中，法律是階級社會的產物，體現統治階級的意志，為統治階級服務。因而基於馬克思的法律概念，很多人批評在一黨專政的內地，法律是為一黨專政服務，為政權服務。

經過了這麼多年，通過涂謹申議員之口，香港人也許會突然發現，法律對泛民來說原來是用來體現泛民的意志的。一眾泛民議員所高舉的法治旗幟，原來符合他們要求與期許的法律行動與結果才是法治與正義的體現；若不能體現他們心目中的法律行動與結果，他們一直以來高舉的法治旗幟便一下子變成了「旁門左道」。

（原刊於 2016 年 12 月 18 日《亞洲週刊》）

篇後記：

其實司法覆核是泛民反對派最常用來挑戰香港特區政府決策的工具，但當有人運用同樣的法律工具來挑戰他們的荒謬行徑時，司法覆核便變成了他們口中的「旁門左道」。他們的思維方式與馬克思主義信徒沒有分別，法律對他們來說只能為他們服務、用來體現他們挑戰顛覆特區政府的意志。

港版否決政治以真民主為幌子

經歷了 1989 年北京天安門的政治風暴、接着的柏林圍牆倒下、東歐共產集團和前蘇聯的解體和 1991 年極端共產主義者在前蘇聯一次失敗的政變，美國前總統老布殊（George H.W. Bush）在四分之一世紀前對共產主義作出了結論。他在 1992 年 1 月對參眾兩院發表的國情咨文（State of Union Address）中宣告：「共產主義在今年死亡」（Communism died this year）。

同一年，美國學者福山（Francis Fukuyama）在他的名作《歷史的終結及最後之人》（*The End of History and the Last Man*）中對民主制度作出了結論，說人類歷史最終的理想政治制度是自由民主制度（liberal democracy），他認為人類歷史中不會有比這更好的政治制度。

歷史的弔詭是以共產主義理想為立國根本的共產中國，並沒有隨着老布殊宣告共產主義死亡而倒下。事實是前中共總書記趙紫陽早在 1987 年中共十三大中已提出了社會主義初階論，變相把共產主義理想放上了神壇。實行資本主義、不民主的共產中國不單沒有倒下，過去四分之一世紀中國在沒有民主制度下的高速經濟與社會發展，更迫使福山重新檢視他 20 年前的結論，對他自己 20 年前的結論作出了 180 度的修訂。

福山在 2014 年出版的《政治秩序與政治衰敗》(*Political Order and Political Decay*) 中認為，達致一個進步與穩定的社會，民主並不是唯一最重要的，而是要靠 3 大支柱。福山認為 3 大支柱中首要的是強而有力的現代化管治，其次是法治，最後才是民主問責。

福山強調的是強而有力的管治與民主問責必須保持適當的平衡，以避免政府行使公權不受制衡的一個極端或政府行使公權被社會不同團體過度行使制衡而不斷被否決的另一個極端。福山所說的美國政治的衰敗便是美國政治體制中制衡公權的力量變得深入而僵化，越來越不能反映大多數人的利益，而只授予少數利益團體與關注組織不合比例的代表性，形成了福山所說足以令政府運作失效、一事無成的「否決政治」(Vetocracy)。

在任何地方，政治較量追求的是更多更大的政治權力，結果往往是離不開顛覆政權或改變政府。過程中，「民主」若不是政治權力爭奪者的幌子便是其中必然的元素。然而現實是，當今世界，國與國之間、地區與地區之間，真正的、也是最重要的較量，不是政治較量，而是經濟與社會發展水平的較量 。

過去 30 多年的中國，由政府到民間均埋首經濟建設。過去 10 多年，中國經濟發展一日千里。隨着國民經濟發展與人民生活的改善，眾多的指標均顯示在很多方面中國已開始追上甚而超越香港。回看香港，可憐的是一些人不顧政治現實、為追求並不實際的民主理想而甘願放棄其他發展機會，甚至不惜脅持整個社會，以犧牲經濟建設與社會發展為追求所謂真民主理想的代價。

不久前，香港特區政府政務司司長林鄭月娥上京與故宮博物館簽訂合作計劃備忘錄，落實在香港西九龍文化區興建香港故宮文化博物館，因沒有事先進行公眾諮詢而受到一些人的猛烈抨擊。

有關計劃將於今年動工，預計在2020年落成，落成後由北京故宮博物館提供珍貴文物在港展出。在計劃公佈前，不論港府或西九文化管理局均對與北京故宮博物館商討中的計劃守口如瓶，沒露一點風聲。消息指出，整個計劃佔用西九文化區土地約十八分之一，由香港賽馬會斥資35億港元（約4億5 000萬美元）興建。由於計劃由馬會斥資興建，不涉公帑，政府毋須向立法會申請撥款，因此政府與西九管理局在計劃落實前一直守口如瓶，不對外公佈。

正如任何近年政府決策一樣，不論是好事或是壞事、或是好壞未知的事，例如西九香港故宮文化博物館，香港市民可以看到的是泛民主派議員及反政府團體的反應必然是條件式的先是質疑、然後是以各種理由反對阻撓。

對於香港故宮文化博物館，個別泛民政客最初的反應是質疑政府與西九管理局閉門決定提供土地建館，討好北京，破壞西九整體規劃，並質疑目的及效益。接着便是按市民已看慣了的一貫劇本發展：首先是由24位立法會議員聯署批評政府黑箱作業，要求林鄭月娥及西九管理局總裁柏志高解釋；然後便是個別針對政府人士以政府不就計劃作諮詢對政府口誅筆伐；最後出場的便是由反政府學生夥同慣於對政府決策進行司法覆核的同一批人，就政府與西九的決定申請司法覆核，意圖迫使計劃胎死腹中或無限期拖延。

在落實香港故宮文化博物館過程中面對的反對與阻撓，與過去 10 年香港政府推行各項計劃所面對的反對阻撓如出一轍，均是以同一模式發酵發展，而反對的根本原因也是同一根源。過去多年來，泛民政客與反政府組織對政府推出的計劃諸多阻撓的模式，便是福山所說的「否決政治」的香港版。香港市民可以看到的是：

（一）政府提出的任何事情到了立法會進行諮詢，面對處處有理沒理均針對政府的泛民議員，任何事情都會沒完沒了，一事無成。以上屆立法會為例，單單一個為行業利益而置市民利益不顧的瘋癲醫生議員瘋狂拉布，加上除了處處反政府便沒原則、沒立場的泛民政客的配合，便可以拖死了一條絕大部分市民都贊同的修訂監管醫生操守的條例。

（二）社會上一些明裏或暗裏凡事均反對政府的人，以各種手段拖政府施政後腿、阻撓政府提出的任何計劃。單西九文化區本身，便是十分明顯的例子。諮詢了 19 年，一拖再拖，不單甚麼也建不成，甚而究竟已定了的規劃該如何落實仍然喋喋不休，荒廢土地，虛耗歲月，浪費納稅人金錢，養肥了那些顧問公司和所謂專家。到頭來諷刺的是那失職、一事無成、拿了大筆終止合約補償金一走了之的前西九管理局高層，今天反而指手劃腳說可以落實的香港故宮文化博物館沒按程序諮詢，意圖又來一次喋喋不休把計劃拖到胎死腹中。

所有這些反政府拖政府後腿、從高鐵「一地兩檢」到西九香港故宮文化博物館、對政府施政進行「否決政治」的都有香港的特點，那便是實行「否決政治」的人不接受的很多時候並不是政策本身，而是不接受不民主產生的特區政府；而更深層的原因是心底裏不願意接受沒有民主的共產中國是香港的宗主國。他們不敢把這種不接受宣之於口，轉而以各種借口與行動排擠中國，以各種手段破壞與否決特區政府施政，並以此來表達他們這種骨子裏反共、反中國政府和為反對而反對的反特區政府立場。

殖民地時代香港遠比今天更沒有民主，同一批的泛民政客有像今天反特區政府那樣反殖民地港英政府嗎？沒有。英國政府不經諮詢在香港推行了不知多少政策，他們會如今天般反對阻撓嗎？不會。因為殖民地時代社會的共識是接受殖民地絕非民主統治的政治現實；但殖民地終結，一些人鼓動追求的是政治現實中不可能達致的近乎為香港爭取主權獨立的民主理想，追求不到便轉為以「否決政治」破壞現實政治中的政府管治。

今天說要程序與諮詢的人的幌子也便是這樣的「民主」，民主權利無邊際地擴大永遠是意圖阻撓政府施政的人最好的借口。而結果正如在香港土生土長的印裔評論員褚簡寧（Michael Chugani）的觀察：香港是一個沒落中的城市，一個撕裂與喪失自我、兩極化、讓年輕人失去理想、喪失競爭力的城市，我們只埋怨別人而不自省。

香港回歸後，市民享受的自由與民主權利相對於殖民地時代，並沒有倒退，而且市民享有的民主權利比殖民地時代更高。但在反政府者口中，卻是天天抨擊政府打壓民主自由。沒有經歷過殖民地時代的年輕人盲目嚮往殖民地時代，視英國人管治的殖民地時代為天堂。為甚麼有這種現象，說穿了，就如褚簡寧指出，「我們欺騙自己，以為這所謂真民主可以作為保護盾，把我們與中國內地隔絕」(we delude ourselves that this so-called true democracy will shield ourselves from the mainland)。他們把殖民地時代因英國對香港管治產生政治上與共產中國隔絕的緩衝,等同了他們心目中的以「真民主」為緩衝,這是盲目反共思維的幼稚與無知。

半世紀以前,在內地相信共產主義與今天在香港相信「真民主」的人一樣,都是理想主義者。狂熱堅持共產主義理想的一代,在上世紀為中國帶來長達20年的災難。共產中國早在30多年前已由理想回到現實,糾正了錯誤,換來了經濟建設與社會發展的巨大成就。

今天,香港目睹的是少數人妄圖以自己的政治理想脅持整個社會,以香港的經濟建設與社會發展為代價,追尋他們那現實政治環境中不可能達致的「真民主」理想;換來的是經濟與社會發展停滯不前,香港也在他們不斷有理沒理地質疑、阻撓與否決政府施政中,迅速沒落。

(原刊於2017年1月22日《亞洲週刊》)

曾蔭權晚節不保的悲劇

前特首曾蔭權爵士被 8 女 1 男陪審團裁定一項公職人員行為不當罪成，被判入獄 20 個月。曾蔭權是因為在 2010 年 1 月至 2012 年 6 月出任行政長官及行政會議主席期間，在考慮及決定香港數碼廣播有限公司申請數碼廣播牌照時，沒有申報他正與數碼廣播主要股東黃楚標，就深圳東海花園住宅物業的租賃進行商討，而被裁定公職人員行為不當。

高等法院法官陳慶偉在判刑時指出在他法官生涯中，從未見過有人如此高處墮落。

其實，早在曾蔭權先生在 2012 年被媒體揭發在出任特首期間種種與本地富商過從甚密，乘坐富商私人遊艇飛機、進入澳門賭場、接受富商飯局招待的不恰當行為時，我已曾經寫過這樣的一個故事，作為對比，這故事的內容是這樣的：

1980 年我在運輸署牌照部工作時。那一年，政府決定發牌監管接載學童上下課的七人客貨車。條例通過後，交由運輸署牌照部公共車輛組，向那時沒有監管的運載學童客貨七人車發牌。

由於要趕及在 9 月開課前完成發牌程序，所以公共車輛組從牌照部其他組別抽調了一些同事幫忙，加班加點工作了一段時間，終於完成了發牌。那便是今天的保母車。

整個發牌程序完成幾天後的一個下午，那些營運這些接載學童車輛的代表，為了表達感謝運輸署牌照部人員的辛勞，送來了10盒西餅。

那一天下午，正當牌照部的同事高興地準備享用這些西餅時，當年運輸署牌照部公共車輛組的主管——高級行政主任趙不倚先生忽然很掃興地說不行。他說送來的西餅價值超過了公務員可以收受的禮物價值標準（當時大概是不超過100元或200元，我已忘了），所以不能接受。

那怎麼辦？

結果，公共車輛組的同事不單西餅吃不成，他們還需為這10盒西餅折騰了一個下午，找到一間老人院，花車費把這10盒西餅送去。

趙不倚先生和當年運輸署牌照部公共車輛組的同事是優秀公務員典範，用1980年時趙不倚先生所秉持的標準，沒有人會對30年後曾蔭權先生的所作所為有絲毫的容忍。

2012曾蔭權先生被揭發與富商過從甚密、接受富商豪華接待的不當行為時，他曾經說社會對公務員的要求改變了。那時，我曾經在我的文章中說：「曾先生，市民沒有變，公務員沒有變，我們仍然秉持很高的標準，一直以來均如此，變了的只是你自己而已。」

曾蔭權先生如陳慶偉法官所說從高處墮落，揭示的是殖民地文官制度中，華人高官脫離民眾、脫離基層的先天性缺陷，這種缺陷並沒有隨着殖民地統治的終結而消失。殖民地統治終結，沒有了英國人的最終監督與緩衝，爬上了權力頂峰的前殖民地華人高官更是脫離羣眾、脫離基層，不斷向富商與利益集團靠攏墮落而毫不自覺。

在港英殖民地時代，英國派來的高官，高高在上，自成圈子，官官相衛。在本地聘用的華人高級官員和在社會上層與富人圈子中吸納加入統治階層的華人精英，成了高級華人，很巧妙和不易為一般人察覺地享有平民老百姓沒可能得到的特權。即使廉政公署成立了，也改變不了這本質，只是遊戲規則改變了而已。

1974 年廉政公署成立，雷厲風行肅貪，同時在全港性社區中進行肅貪倡廉羣眾教育。飽受貪污所害對貪污深痛惡絕的一般市民，很快便接受了政府與官員必須廉潔的價值觀，要求政府官員絕對廉潔，一下子成為市民普遍接受和秉持的社會風氣。

但吊詭的是，羣眾對貪污與特權的觀念改變了，一眾高官們卻沒有。脫離羣眾與脫離基層的一眾高官，似乎沒有掌握一般市民對廉潔要求的極高標準。在心照不宣、官官相衛、官商眉來眼去的狀況下，不明言的利益交換與輸送，在高級官員與商界間仍以十分詭異的方式存在。

英國人統治的年代，出了問題，最終決定是否採取行動公諸於世的，是英國人。但看看事實，除了廉政公署成立後不久，在強大的社會壓力下，把英籍高級警官葛柏 (Peter Godber) 與韓德 (Ernest Hunt) 送進監獄外，還有其他的英籍高官因貪污被送進監獄嗎？英國人很聰明，英國來的官員出了問題，擁有絕對權力的港督可以匆匆把他們送回英國，把問題掃入地毯下，官方保密法把這些事情都密封了。

懷緬殖民地統治的人，並沒有了解到殖民地統治那種表裏不一、不言而喻的統治藝術，錯誤地以為殖民地統治下的法治真的是人人法律面前平等。他們不曾發覺的是殖民地統治的屏障，正正便使一些出了問題的人，根本毋須面對法律。核心問題是把這問題指向殖民地時代的一眾高級華人，這些毋須面對法律的人，包括了你嗎？

沒有了殖民地統治、沒有了英國人說了算的殖民地統治緩衝，坐上了最高位的華人，幹了壞事，也可以如英國人在殖民地時代一樣，把壞事也通通掃進地毯下去嗎？

曾蔭權先生的錯誤在於他心理上仍活在殖民地時代，高高在上、迷信殖民地官僚那套官官相衛、與富商與社會上層自成圈子，以為仍然如殖民地時代一眾與富商過從甚密的高官一樣，可以沒有後果地享有他那權力高峰位置為他帶來不易為一般人察覺、平民老百姓沒可能得到、法律沒有明言不能接受和享有的利益和特權。

曾蔭權先生曾大言不慚自詡為政治家，但事實是不論他的舊同僚和下屬怎樣稱讚他，他絕對是一個沒有政治智慧的人。香港回歸中國前夕，他仍甘願跪在英皇儲查理斯皇子面前接受大英帝國的勳銜。以他作為殖民地香港政府位居如此高位的人物，若有一點政治智慧，他便應該知道他半膝下跪那一刻便是他該淡出香港統治最高階層的時候；就如當年接受英國上議院女男爵勳銜的前行政立法局首席議員鄧蓮如女士一樣，乖乖地做一個對英女皇忠誠的英國人。

也是在曾蔭權爵士半跪在英國皇儲查理斯皇子面前那一刻的迷失，已注定了他今天晚節不保的悲劇。

（原刊於 2017 年 2 月 27 日《香港 01》週報）

顛覆了政治倫理的特首選舉

不久前，香港特首候選人曾俊華先生說他去年 12 月 12 日辭去財政司司長職位不是為了參選，他更說在他辭職時他仍未有參選決定，而辭職是因為做得不開心。

曾俊華先生的說法，相信令絕大多數的人覺得難以置信。以過去兩年他不斷為自己參選特首所作的準備工作和從不否認坊間不絕於耳關於他參選的消息，現在他說去年 12 月他辭職是因為別的原因，而他參選變成了遞交辭職信後忽然間的決定，不但兒戲，簡直是有一點匪夷所思。

曾俊華先生之所以這樣說，唯一的解釋是，他很清楚若然他承認早在 2 年前，甚至 3 個多月前現任特首梁振英先生還沒有公佈不競選連任，他已經有了在今年參選特首的準備，那是徹徹底底違反了可接受的政治倫理。因此他只能說他意圖參選是交了辭職信後才出現的念頭這種匪夷所思的說法。

相對於曾俊華先生，另一特首候選人林鄭月娥在現任特首梁振英先生宣佈不競選連任前，對任何她是否參選的建議均一概否定，甚而多次公開說明現屆政府任期完結便退休。林鄭月娥是在現任特首宣佈不連任後才第一次公開表示會考慮參選特首，這與過去兩年對曾俊華從不否認他參選意圖的傳聞，在取態上是截然不同的。在本人是否參選特首問題上，林鄭月娥同樣明白政治倫理對她的要求，她採取了與曾俊華完全不同的處理方式。

所謂政治倫理，除了是政治人物從政的政治道德，對公共政策基本立場言行貫徹始終、任何立場的改變導致前後矛盾，均必須有足夠完整的理據支持說明外；也涉及要求政治人物不能倡議或進行與其身分不符的事。

簡單來說，政治倫理便是要求從政者不能沒有合理的解釋而在政治立場上表裏不一、言行不一、前後矛盾；政治倫理便是除非有極充分的理由，否則從政者行為不能與其所擔當職位身分不符或其行為背叛了與他共事的同僚。

曾俊華不肯承認他早已開始參選特首的準備工作，便是基於對這種政治倫理的避忌。若然他在現任梁振英先生還沒有宣佈不競逐連任便公開承認準備參選特首可能與梁振英競爭，他便必須在公開後立刻辭職。他不可能在現任特首任期仍有兩年未滿、也沒表示不競選連任，便早早擺出一副角逐下任特首的姿態而四出招攬支持。

在美國，這樣的情況從來未出現過。事實上，上一次美國政府內閣閣員參與總統選舉，是總統柯立芝（Calvin Coolidge）內閣的商務部長、最終當選美國第 31 任總統的胡佛（Herbert Hoover）。那是 1928 年，已經是 89 年前的事。而值得注意的是胡佛是在總統柯立芝宣佈不再連任才參與共和黨初選的。

所以，在梁振英正式宣佈不再競選連任前，他的內閣中任何一個經他推薦任命的閣員，若公開展示要在即將進行的特首選舉中挑戰可能尋求連任的現任特首的話，在政治倫理上均是離經背道難以想像的。

不同的政治制度對政治倫理有不同的要求標準。政治倫理隨時代的變遷或按統治者的要求而改變，沒有絕對的對錯，只有是否為大多數人接受或不接受。

美國總統委任內閣主要閣員，經國會審核；與香港特首推薦由中央政府委任主要閣員的安排相類似。美國民選總統和香港小圈子選民選出的特首，與英國西敏寺式的國會民主制度產生的首相截然不同。英國政府由國會下議院多數黨組成，執政多數黨黨魁自動成為首相。執政多數黨黨魁由多數黨的國會議員選出。執政黨的國會議員也有權把首相拉下台。

以前保守黨首相戴卓爾夫人（Margaret Thatcher）下台為例。1989 年起戴卓爾夫人領導的保守黨政府民望一直低於在野工黨，1990 年 11 月內閣最資深閣員外相賀維（Geoffrey Howe）辭職，前任國防大臣夏舜霆（Michael Heseltine）隨即逼宮，戴卓爾夫人在執政保守黨國會下議院 372 位議員中，只得到 204 票支持，超出反對的票數不足規定的 15% 以保住她的黨魁地位，被逼黯然下台，由財政大臣馬卓安（John Major）接任首相。

美國政治，不會容許總統委任的內閣閣員在位時公然準備在下次選舉中挑戰現任總統，那是大多數人認為必須遵守的政治倫理，接受委任入內閣，也就是接受了這沒有白紙黑字寫明的政治倫理。在英國，內閣閣員是執政黨國會議員，與其他執政黨國會議員一樣，擁有把執政黨黨魁拉下台的投票權，因此黨內執政黨議員或閣員逼宮，乃黨魁任免機制所容許，只有極端保守的人才會認為那是違反政治倫理。

有人不滿中央政府在這次特首選舉中還未投票已提早表態，說明要求、明示暗示支持某一候選人。其實，大多數人沒有留意的是中國共產黨是最講政治倫理的。從建國初的階級及政治成份論強調工人階級政權本質，到江澤民的三個代表和容許資本家入黨，處處都離不開政治倫理。

毛澤東常常說的一句名言是「屁股指揮腦袋」。意思是說在其位，思想與行動便必須按其位的要求而行。毛澤東一生中讀得最透徹的書是北宋時司馬光先生寫的《資治通鑑》。《資治通鑑》是司馬光借記敍敍歷史向宋朝皇帝陳述他的保守、崇古狂熱和固執維持現狀的政治觀點。對於國家的治理司馬光先生強調的是「禮教、地位和名分」。（天子之職莫大於禮，禮莫大於分，分莫大於名）。在司馬光眼中，「禮教」就是「法紀」，「地位」便是「君臣」不變的關係，而「名分」就是當官的在政府的位置。（何謂禮？紀綱是也；何謂分？君臣是也；何謂名？公、侯、卿、大夫是也）。

司馬光所處的年代正值北宋王安石厲行變法，推行政治改革，意圖拯救正在走向衰亡的宋帝國。在保守和固執擁抱維持現狀的司馬光眼裏，「地位」和「名分」是永遠的，意思就是說你是甚麼便永遠是甚麼，也就是說你得乖乖地循規蹈矩安守本分、安於現狀。那便是封建社會賴以維護現有政治秩序的政治倫理。

當今世界，已不是 900 多年前司馬光先生所處的北宋封建皇朝。但今天，法紀仍在，君臣早已以國家效忠的另一種方式存在，當官與否，是每個人自己的決定。也就是說，政治倫理賴已存在的基本要素沒有改變，但與封建時代不同，一個人今天是甚麼，明天可以不再是甚麼，是否遵守政治倫理是自由社會每一個人自由的選擇。

在去年9月橫洲事件發生時，出自曾俊華先生口中常被引述的一句名言是「你永遠同意你的老闆，那是毫無疑問的」（You always agree with your boss. No question about that.）。這句話換一個說法便是：「若你不同意你的老闆，便得下堂求去。」這似乎便是可以從曾俊華先生這句話引申出的政治倫理。當然，早在兩年前大多數人已看出曾俊華有參選挑戰現任特首的意圖，但他的選擇是等到最後一刻才辭職，引發了是否有違政治倫理的疑問。

有論述認為政治講的是成效，而倫理，只是一種不講成效的道德要求。因而有論者以唐朝「玄武門之變」為例，支持政治只講政治成效、不講政治倫理的論述。「玄武門之變」中李世民殺死兄長皇太子李建成和四弟李元吉奪取政權，做就了唐太宗「貞觀之治」，開創了盛唐超過100年的盛世。

這種以已知的歷史結果來為用過的手段開脫，說白了就是為了結果可以不擇手段，這種辯解除了混淆是非，也非常危險。若然這樣，英國在19世紀仗其船堅砲利，多次侵略中國要中國割地賠款，割讓了香港島、割讓了九龍、強租了新界，做就了20世紀最後30多年殖民統治在香港的繁華盛世，難道這種歷史的政治成效論、便可以用殖民統治最後30年香港的繁華盛世，把英國人100多年前在中國殺人掠地的侵略和過去100多年對殖民地治下華人的欺負與歧視都合理化了？

回歸中國後的香港實行半鹹不淡的殘缺民主，在這種參與者側重於政治利益分配與博弈的畸形制度下，參與者口講原則，做的卻都是為了所屬黨派或所代表利益集團的利益。結果是建制派也好，反對派也好，政治倫理從來不是他們要考慮的行為準則。

泛民選委在這次小圈子特首選舉中捆綁投票搞局，背後的理念是要與中央政府對着幹；為此甚而不單不支持同屬泛民的梁國雄參選特首，還對梁國雄的參選決定猛烈抨擊。對一羣平時事事上綱上線講民主原則的泛民政黨政客來說，這轉變實在令人目瞪口呆。為了反對林鄭月娥，更不惜以屬建制的曾俊華為代理人並為他進行一場造神運動，顛覆了所有可接受的政治倫理。

從堅不接受小圈子特首選舉到積極參與其中，從只派泛民候選人參選以突顯小圈子選舉的荒謬，到在小圈子中壓制意圖參選的泛民候選人轉而積極配票予非泛民候選人；經此一役，泛民堅持所謂真民主的政治光環已完全賠上。泛民僅有的政治道德高地已被這次顛覆了所有政治倫理的特首選舉一次過剷掉。

（原刊於 2017 年 3 月 26 日《亞洲週刊》）

同性婚姻伴侶不等同
兩性婚姻配偶

一位高級入境事務主任與同性伴侶在容許同性婚姻的新西蘭結婚，因為特區政府公務員事務局拒絕向其伴侶提供公務員配偶的醫療福利、稅務局拒絕他與伴侶共同評稅，入稟高等法院申請司法覆核。高等法院原訟庭最近裁決，指公務員事務局因申請人的性傾向，而拒絕給予該高級入境事務主任同性婚姻伴侶公務員配偶應享的福利，違反《基本法》和《香港人權法案》第 22 條下人人平等原則，判申請人有關公務員配偶福利部分勝訴。但對申請人對務稅局拒絕共同評稅的司法覆核，則基於稅務條例列明婚姻中「配偶」的定義只包含一位丈夫及一位妻子，而裁定申請人這部分司法覆核失敗。

這案件申請獲勝訴部分的判決引起的是道德的爭論，支持同性戀者權利的團體表示歡迎這裁決，但對於不支持同性婚姻的宗教及其他團體，則憂慮法庭這次的判決，是否會引致政府對同性婚姻的立場開始改變。雖然主審法官在這次司法覆核判詞中並沒有觸及婚姻的定義，但無可避免的是在關乎道德的爭論中，必然觸及法律對「婚姻」定義理解的討論。

案件的申請人在承認同性婚姻的新西蘭結婚，香港基本上承認在全世界各地締結的婚姻，但矛盾的是：目前香港法律並不承認同性婚姻，這案件恰恰觸及了法律對婚姻定義的理解。

香港《婚姻條例》第 40 條對婚姻的定義是「基督教婚禮或相等的世俗婚禮」，婚姻條例第 40 條對此的解釋是「婚禮經舉行正式儀式，獲法律承認，是一男一女自願終身結合，不容他人介入」。因此，香港現行法例對所謂法律承認的婚姻，解釋很清楚，其中包括兩重點，第一，是一男一女自願終身的結合；第二，是不容他人介入，亦即是所謂一夫一妻制。

公務員條例中賦予享公務員福利的「家庭」成員包括「配偶」(spouse) 及「子女」(children)。當中「配偶」一詞，是否亦應以香港法例下婚姻的定義為基礎進行解釋？假若同性婚姻的「伴侶」(partner) 並不是按香港法例下定義的婚姻所產生的「配偶」，令人難以明白的是，拒絕給予一個身分並非公務員配偶那些公務員配偶才能享有的福利，如何違反《基本法》？ 如何違反《香港人權法案》下人人平等的條款？在香港婚姻法例下定義的婚姻的「配偶」，與並非在香港婚姻法例下定義的婚姻的「伴侶」，並沒有可相比較的地方。

其實，有關婚姻與家庭的定義，立法會在 2009 年修訂《家庭及同居關係暴力條例》時，已曾作過研究及討論，發現《基本法》與《香港人權法案條例》並沒有對「婚姻」及「家庭」作出定義。

但《香港人權法案》第 19 條有如下規定：

（一）家庭為社會之自然基本團體單位，應受社會及國家之保護。

（二）男女已達結婚年齡者，其結婚及成立家庭之權利應予確認。

（三）婚姻非經雙方自由完全同意，不得締結。

（四）夫妻在婚姻方面，在婚姻關係存續期間，以及在婚姻關係消滅時，雙方權利責任平等，婚姻關係消滅時，應訂定辦法對子女予以必要之保護。

值得注意的是《香港人權法案》中，英文版中的 spouse 一詞，亦即「配偶」一詞，在中文版以「夫妻」二字表達。以此為依據，婚姻的基礎是一男一女的結合，即使在人權法中，已充分體現。

因此，香港承認香港居民在外國締結的婚姻，並不改變目前香港法律不承認同性婚姻的法律現狀。法庭在這次處理同性婚姻伴侶應否享有公務員配偶福利的司法覆核中將兩性婚姻產生的「配偶」一詞適用於同性婚姻的「伴侶」，實際上是動搖了香港法律上婚姻關係只能是一男一女兩性結合的基礎。

《香港人權法案》第 19 條第（二）款條文，與國際人權公約第 23 條第（二）段條文相同，聯合國人權委員會曾因一宗新西蘭在 2013 年同性婚姻立法前的同性婚姻案在 2002 年作出裁決（Ms. Juliet Joslin at al vs. New Zealand , Communication No.902/1999, U.N. Doc. A /57/40 at 214 (2002)）。聯合國人權委員會根據人權公約第 23 條第（二）段裁決公約國家的義務是只承認希望結婚的一男一女的相互結合，才是人權公約承認的婚姻（the treaty obligation of States parties stemming from article 23 paragraph 2 of the Covenant is to recognize as marriage only the union between a man and a woman wishing to marry each other)。因此對於某一國家不為一對同性戀者辦理締結婚姻關係的行為(refusal to provide marriage between homosexual couples),聯合國人權委員會並不認為違反公約的任何條款。

應該注意的是聯合國人權委員會 2002 年的決定,是說明一個不接納同性婚姻的國家並沒有違反人權公約的任何條款。同性婚姻中的「伴侶」並非香港婚姻法下一男一女結合的婚姻定義下的「配偶」、亦即《香港人權法案》以中文所表達的「夫妻」;依聯合國人權委員會的決定引申,同性婚姻中申請人的「伴侶」被拒絕享有兩性婚姻中「配偶」(即夫或妻)才能享有的權利,實在看不出如何違反人權法及國際人權公約人人平等的條款。

人人平等享有相同權利的前題是,權利人的前題身分地位條件亦必須相同。以香港在 1993 年開始執行的《父母與子女條例》為例。在《父母與子女條例》生效前,非婚生子女並不自動享有子女的權利。《父母與子女條例》的通過及執行,承認了非婚生子女地位等同婚生子女,同為父母的子女。因《父母與子女條例》承認了非婚生子女地位等同婚生子女,故非婚生子女作為子女在法例生效後開始自動享有父母撫養他們及繼承父母遺產的權利。在此之前,非婚生子女並不自動享有這種權利,也不涉及歧視。

以這邏輯推論,在本地法律仍然不承認同性婚姻將「配偶」等同「伴侶」前,不給予同性婚姻的「伴侶」兩性婚姻「配偶」才能享有的權利,是執行現行公務員家屬應享福利規定時對兩不同地位主體的區別對待,並不涉及歧視。

其實主審法官在案件中亦承認對案件中公務員「伴侶」的不

同對待，是基於該公務員的法定婚姻地位，只是法官同時認為那該視為間接基於性傾向。法官的推論方式是首先強調政府給予同性婚姻的「伴侶」、公務員條例中「配偶」可享有的福利並不違反法律，轉而繼續指不給予便是性傾向歧視。

主審法官以較長篇幅討論給予同性婚姻「伴侶」、公務員「配偶」應享福利並不表示承認同性婚姻，但並沒有在裁決應否享公務員家屬福利這部分申索時就公務員規例中「配偶」的定義作出裁定。但在裁定同性婚姻「伴侶」要求共同評稅的申索敗訴時，卻接納了《稅務條例》中有關「配偶」的定義為「一位丈夫及一位妻子」，並以此定義為判申請人敗訴的基礎。

在同一案件中一方面明確接納「配偶」的定義為「一位丈夫及一位妻子」作為判申請人部分申索敗訴的依據，但另一方面在另一部分申索中卻不以同一定義看待「配偶」一詞，而對「配偶」定義含糊其詞，不以之為依據，硬指政府拒絕給予福利予同性婚姻「伴侶」是基於性傾向原因，違反人權法。這樣被人看來是自相矛盾的判決，實在讓不懂法律的人費解。

其實，究竟同性婚姻的「伴侶」應否被接納為等同兩性婚姻的「配偶」，涉及修改法律或立法重新定義將同性婚姻「伴侶」等同兩性婚姻「配偶」，是應經過社會充分討論再作決定的公共政策範疇。建立有關法律規定將兩性婚姻的「配偶」等同同性婚姻的「伴侶」，是應由公眾廣泛討論涉及道德倫理的公共政策課題。如今一位法官將政府不把規定給予公務員「配偶」的福利同時給予公務員的「伴侶」，判定為性傾向歧視而違反規定，實質上是以法庭的判決代替了應由社會討論的公共政策的重大法律修改。

普通法的特點是法庭在審理案件時，主審法官有權對不清晰的法律條文進行解釋或對違反憲制性法律規定的法律條文裁定為違憲，但對有清晰理解的法律條文，主審法官必須按條文的理解判決。一夫一妻構成「配偶」，是一直以來整個社會基於法律規定的兩性婚姻制度下的共識理解，當中並沒有空間讓普通法的法官對此有任何不一樣的詮釋。

將兩性婚姻的「配偶」等同同性婚姻的「伴侶」，涉及更改一直以來社會對何謂兩性婚姻下的「配偶」的共識理解的變更。就如承認非婚生子女地位等同婚生子女地位的立法一樣，涉及公眾政策的討論及討論得出結論後的法律修改。現在放在面前的事實是涉及如此重要道德觀念爭論的公共政策及可能導致法律因而須要修改或重新定義的決定，並非通過公眾討論後得出結論，而是由高等法院一位法官說了算。司法是不是代替了立法？究竟香港社會是不是希望就是這樣？對於這一點，整個社會實在有必要熱烈地討論及深刻的反思。

（原刊於 2017 年 5 月 21 日《亞洲週刊》）

劣質公民社會是香港前進的絆腳石

國家主席習近平出席20國集團峰會期間訪問德國，德國總理默克爾對剛獲「保外就醫」的諾貝爾和平獎得主劉曉波狀況含隱其詞，但對習近平表達了「強大的公民社會」的重要性。

中國缺乏「強大的公民社會」有效制衡國家權力，那是公認的事實。單靠執政的中國共產黨的「不斷自我完善」，並不能避免若出現如1989年那樣的風暴會讓國家再次陷入危機。但同樣地，進入21世紀特別是過去10年西方社會學術界，也意識到擁有強大公民社會的西方民主制度也陷入前所未有的危機。

這危機的根本是伴隨着強大公民社會產生的強大民粹主義制約下，西方社會由政府到民間，均沒有辦法對出了問題的政策作出大刀闊斧的改革。這種對改革的無力，不單是對充滿缺憾的制度作根本的改革，即使是一些最基本的、必須的改革，如改革一些西歐國家失敗的、導致國家財政破產的過分福利主義制度，也面對改革乏力的危機。

香港回歸中國的時候，末代港督彭定康先生對由英國管治為香港留下來的體制感到驕傲的其中一點，就是在香港存在的公民社會（Civil Society）。

公民社會在西方社會出現，是基於在西方民主政治概念中，政府是必要的惡，因而有必要通過公民社會對這必要的惡加以制衡。在完全的民主制度沒有出現、公民權利未獲充分保障，發展公民社會是正確而且是必要的；為防止民主制度出現腐敗和防止公民權利被侵蝕，公民社會的存在也是必須的。

但在公民已具充分政治權利與法治保障的西方民主社會，目前的困境是本身沒有任何制約的各種公民社會力量，在不同領域無限量擴張，形成民粹主義氾濫，已漸漸構成對政府在不同領域意圖進行改革的能力不可踰越的制約。

香港回歸中國 20 年，全面普選的民主制度雖然沒有在香港出現，但在「一國兩制」的護腋下，缺乏西方模式民主制度並沒有妨礙公民社會在香港的不斷發展壯大，也沒有妨礙公民社會逐漸演變成為類似西方近年出現的民粹主義浪潮。

面對這場以本土主義為包裝的蜂擁民粹主義浪潮，梁振英領導的特區政府，採取與西方民選產生的政府不同的方式應對。並非普選民主的政體使他毋須面對選民和面對下一次的民主選舉，所以他可以選擇放手地與很多時候並非理性的民粹主義者不妥協地對抗。這種對抗所造成的，便是以特首為代表的政府與以手握政府財政審批權的立法會為基地的部分民粹主義者以拉布為策略的公開對抗。這種對抗的必然結果便是政府管治與推行政策上的停滯不前。

就以梁振英政府落任前匆匆推出的以 10 年逐步取消強積金對沖方案而言。那是在民粹主義氾濫下，勞方與資方均不討好但可以作為改革開始的折衷方案。但不幸的是，這個折衷妥協方案面對的是強大的民粹主義，勞方要求立即全面取消對沖，使員工離職時，強積金雇主累積供款和長期服務金兩筆款員工都要拿；強大的民粹主義也存在於堅不妥協的資方，資方認為離職員工兩者只能拿其一。一方是要求「一步到位」，另一方是「一步不讓」。不妥協僵持下去結果便是 2 年前政改失敗使政制無限期原地踏步的翻版，這便是寸步不讓的劣質公民社會產生的民粹主義氾濫，使政府根本無法有效制定與執行政策。

剛上任的新特首林鄭月娥女士對香港的管治，面對的將是同樣的政治格局和嚴峻政治局面。寸步不讓的民粹主義在香港氾濫，將不單繼續窒礙民生政策的推行；也將繼續封鎖了必須通過妥協才能打通的政制改革道路。

美國學者福山 (Francis Fukuyama) 在 2014 年否定了他在早 22 年前提出「歷史終結論」所說的西方的民主制度是人類社會追求良治 (Good Governance) 的最終制度，他提出良治所必需的 3 個支柱，首要的是強有力的政府，其次才是法治與民主問責。

曾任中國已故領導人鄧小平先生英文翻譯的政治學者、上海復旦大學中國研究院院長張維為教授，曾在 2011 年與當時仍相信歷史終結論的福山進行過一次辯論。那次辯論 6 年過去後，對福山改變了對歷史終結論看法而提出良治的 3 個支柱，張維為教授認為良治單靠 3 個支柱仍不足夠。他認為 3 個良治支柱之上，還必須回答 3 個問題。這 3 個問題是：

一是某一個國家，有沒有能夠代表人民整體利益的政治力量。

就這一點，張教授否定西方國家的兩黨或多黨民主可以代表人民整體利益。最近英國保守黨大選失利失去國會大多數地位，要同意動用十億英鎊投入北愛爾蘭以買取北愛民主統一黨在國會的十票支持來組織少數黨政府，便是政黨與地區利益交換而非照顧人民整體利益的例子。

二是某一國家管治方式，能否發揮市場優勢，也發揮政府作用，使兩者有較好的結合。

第三點，也是最重要的，便是某一個國家有沒有足夠整合能力和改革能力。整合能力是整合不同利益的能力，而改革在張教授眼中，西方國家的現狀是誰要改革便誰要下台。這也是西方政治衰敗的表徵。

在 5 月北京舉行「一帶一路」國際高峰論壇期間，北京同時也舉行了一個集合全球多個智庫首腦的全球智庫峰會。在峰會中張維為教授便這樣說：「今天世界上如果有一種競爭的話，實際上是改革能力的競爭和戰略規劃能力的競爭。」

中國清朝乾隆皇帝在 1793 年接見英王特使喬治馬戈爾尼勳爵（Lord George Macartney）。馬戈爾尼代表英王，以英國為平等主權國身分要求清廷允許英國派駐公使，並提出容許開放貿易等一系列現代主權國與國平等相對待的要求。然而這時的清廷正值盛世，清王朝乾隆皇帝以馬戈爾尼的要求與以天朝上國自居的清體制不合為由，對不肯下跪叩首覲見的馬戈爾尼所提的要求全部拒絕。

乾隆時期的清廷不肯變革以平等相待來叩門的西方國家，結果便是西方國家以船堅炮利打開中國的大門。接着的一個世紀，古老的帝國便是如 20 世紀美國的中國研究專家費正清先生（John King Fairbank）所說走上一條刺激（挑戰）與回應（Stimulus (or Challenge)and Response）的道路。19 世紀中葉鴉片戰爭失敗、英法聯軍的船堅炮利迫簽《南京條約》、《北京條約》割讓香港與九龍，刺激了清廷作出回應，進行了並非真正現代化改革而以失敗告終的洋務與自強運動；19 世紀末，清廷在中日甲午戰爭中戰敗，激發出的回應是意圖擺脫慈禧太后擺佈的光緒皇帝，以支持康有為進行從政治、軍事、教育及經濟四方進行改革、結果卻不敵慈禧砍殺的「百日維新」。到八國聯軍入京和隨後義和團之亂激發清廷擬立憲改革，但多次改革的失敗，這最後一次的改革已為時已晚。清廷接着的結果是怎樣？已是歷史。

晚清的歷史告訴中國人，不對或沒有能力對已不能適應時代的制度進行改革，面對對政府管治的衝擊只有零星的回應而沒有管治的長遠規劃，便意味着對國家管治的徹底失敗。

傲慢的乾隆皇帝以天朝上國自居體制為由，拒絕要求以平等主權國相待的英國來使，便是現有體制對新的時代、新的挑戰對舊體制將發生重大衝擊，缺乏察覺而堅拒變革。今天，眾多老牌西方民主國家也正以民主必然等同良治的傲慢、頑固地堅拒承認民主制度出現了問題而忽視改革的迫切性。

前國務院總理朱鎔基在 1991 年任上海市市委書記時便曾對官僚主義作出批示說：「不改革、要完蛋。」1992 年鄧小平南巡也作過類似的批示。去年 7 月中共中央總書記國家主席習近平在中央深化改革領導小組會議上便很清楚的說：「不改革，前面只有死路一條。」

在當今急促改變的世界，舊有體制已不能有效地解決新的問題。不論是民主的美國也好、不民主的中國也好、半桶水民主的香港也好，須要的是改革。不改革的結果只有一個，那便是逐步衰敗沒落。

2013 年 6 月在英國蘇格蘭愛丁堡舉行的 TED 環球會議以一篇〈中國崛起與「元敍事」的終結〉（China and the End of Meta-Narratives）為題演講而一鳴驚人的李世默先生，去年 12 月在香港的一次演說中闡述福山改變了的想法，總結出西方民主國家過度透明、過度民主政體的公民社會所導致的否決政治（Vetocracy）、政府管治司法化（Judicialization of Governance）及合法的腐敗（Legalized Corruption）都是推行改革的敵人。

如果用這些標準與客觀現象來看林鄭月娥女士所領導的新一屆政府，這一大堆李世默先生所說的敗象都存在於香港社會中，這些敗象恰恰便是新一屆特區政府推行改革必須面對但難以踰越的關卡。

在香港，少數人吵吵鬧鬧把小眾立場強加於社會整體而發展起來不顧現實、不懂妥協的劣質公民社會，已變成了推動改革達致良治的絆腳石而非制衡惡吏與劣治的理性力量。推動改革、擺脫劣質公民社會對良治的非理性制約，是擺脫沉淪讓香港緩步重拾前進步伐的關鍵。要改善管治，新一屆特區政府必須有突破民粹、推動改革與整合不同利益的勇氣與力量。

（原刊於 2017 年 7 月 23 日《亞洲週刊》）

香港政治偏執下的理性黃昏

最近香港發生了 2 件事，一是民主黨創黨黨員林子健聲稱被中國內地「強力部門」擄走事件；二是佔中「雙學三子」暴力衝擊政府總部罪成獲輕判，律政司上訴，上訴庭改判 3 人即時監禁 6 至 8 個月。2 件事都暴露出香港泛民主派一些理應是獨立、理性及專業人士，往往被他們偏執的政治理念所蒙蔽或被反共與戀殖心魔所主導。

林子健在 8 月 11 日早上 11 時聯同民主黨創黨主席李柱銘及前主席何俊仁召開記者招待會。林聲稱在前一天的下午，當他離開油麻地一間球衣店後，被幾名操普通話人士強行擄走，期間被施以暴力對待，把釘書機釘在他的大腿上，並恐嚇他不要將有阿根廷球星美斯（又譯梅西）簽名的照片交給已故諾貝爾和平獎得主劉曉波的太太劉霞，更警告他不能聯絡劉霞。據林子健憶述，之後他便被迷暈，醒來時發現身在海灘，後來得知是在西貢。他自行坐的士回家，回家前在麥當勞快餐店吃了一個魚柳包，回家與太太商量後通知了民主黨的資深黨友，然後洗澡、睡覺，第二天早上出席由民主黨幾位資深黨友為他安排的記者招待會。

林子健在記者招待會所憶述的故事立即引起質疑，質疑的包括為甚麼他在海灘醒來時發現財物及手提電話未失，不第一時間報警，而是坐的士回家，並在回家前在快餐店吃魚柳包。他回家後不是報警，而是通知民主黨幾位黨員安排記者招待會。更奇怪的是，他竟然在大腿釘滿了釘書釘的情況下洗澡，並且在大腿被釘滿釘書釘的情況下睡覺。

這一切疑點，經警方介入調查，再由傳真社公開大量閉路電視的片段，顯示事實與林子健所述有很大出入。幾個旺角街頭沿途閉路電視片段顯示，林子健根本沒有被擄，警方更有證據指他自己坐小巴到了西貢，獨自步出海灘。

如果林子健在記者招待會所說的都是謊言，為的是要抹黑內地政府或內地政府一些部門，製造一個類似銅鑼灣書店李波事件或林榮基事件的翻版，那毫無疑問，那是一場非常拙劣的表演。

但值得留意的是，在警方介入調查，傳真社公開閉路電視片段出現不論相貌衣服、鞋及背包均與林子健樣子及當日裝扮極相似的影像時，林堅持他自己說的是真話，他更指出有一個與他一樣的人在同一時間出現，真的是匪夷所思。

在林子健堅持他說的是真相的情況下，也許，真相永遠變成了一個謎。但這件事暴露出發人深省的現象卻絕對清晰，毫不含糊。那便是偏執的政治信念使人，即使應是最理性與客觀的人，也喪失客觀、理性和專業判斷。

任何一位律師，在接獲一位遇上了事故的當事人求助，無論是甚麼事故，只要是可能涉及指控或被指控的事，律師的專業本能是第一時間建議當事人保存原始證據、保存現場證據及個人物證，並且立即向調查部門提供這些原始證據。

林子健事發後第一時間尋求協助的黨友包括兩位資深律師和

大律師，以及一位前廉政公署調查員。奇怪的是似乎林子健並未有被兩位資深律師建議或引導保留原始證據，專注的只是一個記者招待會，而不是保存被擄及被暴力對待的原始證據，向最終須負責調查的警方提供事件的詳情。

這是明顯被偏執的政治信念蒙蔽了專業判斷的例子，聽到林子健所述事件內容的人明顯是不經仔細分析事件內容及檢視證據，便被他們自己的政治信念所蒙蔽，而引領得出行動的結論——第一時間向公眾公開指控內地「強力部門」。簡單地說，假若林對幾位民主黨資深黨友說的是同樣的擄人暴力事件，但擄他的人恐嚇他的事與內地政治無關，他們會得出同樣的第一時間召開記者會的行動結論嗎？恐怕不會。

整件事件中，政治考量主導了處理時如何編排優次。在政治掛帥的前提下，把行動優先放在第一時間公開指控內地「強力部門」上，而不是放在向警方報告、調查及尋求真相。事實上林子健可能根本從來沒有想過報警，因而保存原始證據對他來說，毫不重要。

如果林子健被擄事件行動的優次可以重組，按常理地改為先行報警，然後到醫院，再回家洗澡，最後才進行記者招待會；那麼，不論最終故事有多少個版本，林子健他本人的版本在程序上至少沒有可以被人質疑的地方。

程序錯了，影響到陳述以致證據的可信性，令一眾基於反共而第一時間跳出來大力抨擊中央政府及內地部門的泛民政客極度尷尬。

近年來香港社會一些人，任何事均首先政治掛帥，反共疑共、反中疑中先行，很容易被政治上的偏執蒙蔽了理智，蒙蔽了客觀與專業判斷。林子健事件便是這樣的一個被政治偏執蒙蔽了客觀理智與專業判斷，甚而因此不顧程序公義的極佳案例。

林子健事件的同時，「雙學三子」黃之鋒、羅冠聰及周永康 8 月被上訴庭改判入獄，引發個別泛民大律師以自己的政治立場質疑法官的判決，也是政治偏執蒙蔽專業的例子。「雙學三子」在 2014 年 9 月底「佔領中環」爆發前夕，暴力衝擊他們稱為公民廣場的政府總部，導致 10 名保安受傷，定罪後被輕判社會服務令，律政司不服上訴，上訴庭改判 3 人入獄 6 至 8 個月。

上訴庭的改判引來泛民政客及支持者不滿，對判刑口誅筆伐，那是意料之中。但奇怪的是，一些支持泛民的大律師基於政治信念，也公開指責上訴庭改判 3 人 6 個月至 8 個月刑期的判決，甚而質疑上訴庭法官的判決有政治考慮。律師與大律師對法庭的判決在法庭外公開作出指責，在過去已是絕無僅有；大律師公開指責法庭判決有政治考慮，更是前所未見。帶政治傾向的攻擊竟然針對獨立與非政治化的司法體系，難怪終審法院前首席法官李國能也罕有開腔，指斥那些指責上訴庭對三子的判決有政治動機是荒誕（absurd）的。

在香港的司法程序中，當事人或檢控方不服判決可以上訴，挑戰判決、批評法庭判決理由的合適場所（venue）在上一級法庭，而非在政客主場的電台、報章或街頭。對專業律師來說，這道理顯淺而簡單。律師、大律師在法庭判決不符己意時，便以其個人的政治取向對律政司的上訴決定和上訴庭的判決公開肆意攻擊，那既不合理，也不專業。

專業的大律師公開指責上訴庭法庭判決，不單全失身分(totally undignified)，更向公眾傳遞了一個極壞的訊息，那就是如果專業的律師、法學教授及負有宣揚法治責任的法律學者都可以對法院的裁決「輸打贏要」肆意公開攻擊的話，那法治與法律尊嚴如何可以維持？

對「雙學三子」覆核案，前英國刑事檢控專員 Ken MacDonald 便指出，不同意法官裁決可自由表達意見，但當有關言論變成攻擊檢控方上訴權利的合法程序、以至法官個人誠信，攻擊者攻擊的是法治本身。作出有關批評的人聲稱捍衛某些價值，其行為實際卻是威脅到這些價值。Ken MacDonald 表示法治非流動的餐宴，不能呼之則來、揮之則去。若一些人判決合心意才支持法治，那其他人也可以有同樣危險的想法。

在香港，很多攻擊現行體制的人往往對自己的角色弄不清楚。在現行體制下，政客、大律師及各行各業的專業人士同屬建制，對現行體制的批評，均只能建基於遵守現有體制的規則，從希望改良現行體制出發，而不可能意圖推翻現行體制，或為有這意圖的人搖旗吶喊。那些毫無根據地指責政府政治檢控和上訴庭法官有政治考慮的政客及大律師，必須弄清這一點。

香港的反對派敵視特區政府，但在殖民地時代他們並沒有同樣敵視殖民地政府，那源於他們的共通點是反共和反對一黨專政，同時又得無奈接受殖民地時代終結後，香港主權回歸到一個非民主的共產黨一黨專政政權。

反對特區政府的人往往把他們對共產黨的厭惡投射在特區政府，被褫奪立法會議員資格的「長毛」梁國雄及一些年輕人開口閉口指責特區政府為「暴政」，他們可以隨便這樣指責，正好證明其實他們心裏明白他們說的並非事實，他們的謊話反映了他們的虛偽。

殖民地政府遠比今天特區政府嚴苛，奇怪的是這些人在殖民地時代並不指責殖民地政府為「暴政」。說穿了，那是戀殖、反共與仇共的心魔在作怪。戀殖與反共的心魔使他們潛意識抗拒香港主權回歸、不相信中央政府會恪守「一國兩制」、不接受客觀現實，甚而無論國際社會如何公認「一國兩制」在香港成功落實，他們仍不斷扭曲事實、毫無根據地不斷抹黑香港的現狀和體制。

其實，那些在「雙學三子」判決中泛政治化地質疑香港法庭與指責特區政府的政客、法律學者和大律師，正是現有制度最大的既得利益者，每天都在享受殖民地時代遺留下來經「一國兩制」成功在香港實施而保存的現有制度給他們帶來的利益。肆無忌憚地否定和抹黑現有制度與現狀、要求香港前宗主國干預香港內部事務，反映出的便是他們的反共與戀殖心魔孕育出的虛偽與無恥。

（原刊於 2017 年 9 月 17 日《亞洲週刊》）

勿為冷血無恥言論
尋找辯解開脫理由

2012年9月反國教高潮時，我在《明報》發表了一篇名為〈究竟是誰在洗誰的腦了？〉的文章（刊登於2012年9月3日《明報》觀點版）。文章當時同時在雅虎新聞網頁上載刊登。在整個9月，瀏覽那篇文章的人數超過1萬、留言超過2 000條。那篇文章曾經連續7天不間斷成為當時雅虎新聞版最高瀏覽量的文章。

當年推動反國民教育的教協和泛民政黨的觀點是，國民教育是對年輕學生洗腦。而我當時那篇文章的觀點剛好相反，質問究竟是政府建議實施的國民教育在洗學生的腦，抑或是一些連建議教案也沒全看過便激烈反國教的家長代表和政黨領袖在洗學生的腦。

在2012年9月我的文章有那麼高瀏覽量，而且連續7天高踞雅虎新聞版瀏覽量榜首，不是因為我的文章內容特別出色，而是在當時實在沒有其他與我同樣觀點的文章發表，可以讓不贊同反國教觀點的讀者選讀。當時的輿情是整個社會只有一面倒反對實施國民教育的聲音。反國民教育的聲勢浩大，10多萬人聚集在政府總部，其中大多數是學生。聚集在政府總部門外的人都接受單一觀點。「沉默螺旋」效應使整個社會沒有人為政府說話。然而，因〈沉默的螺旋〉(見 2014 年 2 月 8 日《明報》觀點版文章)而產生一面倒的輿情並不反映民情。沉默但不贊同反國教觀點的人在我的文章中找到同感，造就了我的文章當時超高的瀏覽量。

到 2 年後佔中爆發，同樣吸引大批支持的羣眾，當中也有很多學生，但情況與反國教時不再一樣。佔中時香港的輿情已不再一面倒了。佔中運動號稱網上有 70 多萬人支持，但另一方的反佔中簽名運動也稱超過 150 萬人參與。正反觀點分庭抗禮，也因如此有人提出了「社會撕裂」的觀點。

但是反國教時一面倒的輿情及最後的成功，強化了一些人自我中心與自我感覺良好；同時也誤導了社會上一些人，特別是一些積極參與其中的大學生和中學生，很自我中心地以為他們接受了的觀點便是整體社會唯一的主流觀點。這種被誤導了的感覺到今天很多年輕學生仍沒有察覺或察覺了但不願意接受。

在 2014 年具有強烈反政府 / 無政府傾向的佔中後，反國教時的自我中心與自我感覺良好的佔中領袖、在佔中最前線的學生和支持他們的團體和政黨，開始把自己的觀點與價值說成是全香港人都接受和支持的觀點和價值，把政府不贊同他們的觀點等同違反整個社會的觀點。因而出現了在政府成功司法覆核 4 名議員宣誓失效時，涂謹申議員說成是政府「向市民開戰」的豪情壯語。也開始了他們這種自我中心地把自己的價值觀說成是香港的價值觀甚至是普世的價值觀，往往開口閉口的把自己想說的說成是「我們香港人甚麼甚麼」，而不察覺也不理會根本更多人並不贊同他們。

在大眾媒體上一面倒的輿情，經過時間洗禮可以慢慢地扭轉。事實上近一兩年來，香港的大眾媒體也慢慢出現這種變化。但令人憂慮的是，在幾乎不看報章和很少瀏覽大眾媒體的年輕人中間，獲得信息的渠道往往是半封閉的社交媒體。社交媒體按用戶喜好向用戶提供他們喜歡的信息，用戶也往往只和與自己意見相近的人交換意見，「圍爐取暖」，把不同觀點與意見完全排擠，讓自己思想走上了歪路而不自知。反國教時構建起來的「沉默螺旋」在大批積極年輕學生中並沒有被打破。

從各大院校「民主牆」宣揚港獨的標語，到最近相繼在教育大學與城市大學「民主牆」出現「恭喜」教育局副局長蔡若蓮喪子的喪盡人性的冷血標語，均顯示年輕人因自以為是而固執於自己觀點，排擠不同觀點以至排擠持不同觀點的人，已達至一個沒有底線的程度。這也是社會上大多數仍有正常道德倫理觀念的人對這種喪失人性的冷血行為大為震怒的原因。有傳聞說一些學校因此事件而決定永不錄用教大畢業生，這對轉為大學不久的教大來說無疑是沉重打擊。

其實，教大城大冷血標語事件對教大城大以至各間大學及全港大學生打擊最大的，不是那貼上標語的三兩無恥小丑，而是事件後教大學生會以至以保衛言論自由為名聲援教大學生會的其他各大學學生會領袖的表現。他們對事件不悔疚與不反省，以言論自由為違反人倫道德的歪理護短。這些學生領袖使正常的人對他們徹底失望。

這一兩年在各大學裏把持了學生會的，便是當年積極參與反國教與佔中，我說他們當時已被洗腦的中學生積極分子。佔中時有人說過反國教與佔中會令香港喪失了一代人，也許便是這個意思。

但是在怪責這些年輕學生的同時，更應怪責的是那些對他們的歪理惡行視而不見、處處為他們的歪理惡行以似是而非的辯解護短的成年人。新聞報道中一名教大教職員一方面指摘冷血標語不對，但轉過頭來用了更大篇幅為這些行為辯解，把前一些時間法庭判佔中與旺角暴動年輕人坐牢的事也拉進去，作為為這些冷血行為找原因尋求辯解；也有評論員在譴責冷血行為的同時，推出他們常常掛在口邊、完全沒有內容的甚麼「制度暴力」把責任推向政府，意圖為這些冷血行為護短尋求辯解開脫。

公民黨黨魁、立法會議員楊岳橋為這些冷血言論開脫，說大學「民主牆」一向都是學生互相激辯之地，「有人貼上恭喜，不滿的人自然會在同一面牆上反擊，毋須校方操心」。他表示若校方真的要追究到底，勢必開創大學以言入罪的先河。楊議員的言論如貼上冷血標語的人一樣，已超越了可接受的道德底線。

言論自由並不是可以隨便用說話與行動傷害別人而毋須受罰的免死金牌。但事實是從佔中到宣揚港獨，屬成年人的佔中發起人、泛民政黨政客、個別支持泛民的大律師，以至大批思想偏激的大學講師、中學老師都不斷在誤導年輕學生。他們向年輕學生灌輸一種「即使年輕人錯了，原因責任也不在年輕人」的有違常理與完全不為自己做過的事承擔道德責任的觀點。他們把年輕人所犯的錯都歸咎於是這個社會的錯、這個政府的錯、這個不民主的制度的錯和支持政府的「保皇黨」的錯。反正，錯的永遠不是他們，是別人。

也因如此，這些政客、大學講師、中學老師對年輕人犯錯，即使是如同教大冷血標語那種是非清楚不過的錯，他們從來都只是顧左右而言他，而沒有鮮明地、不帶條件地嚴厲指斥批評。

有一些事情，對便是對，錯便是錯。如教大冷血標語事件，是沒有中間，也不存辯解理由的，必須嚴厲指斥。各泛民政黨政客、大學講師，懇請高抬貴手，別再以言論自由為這些無恥言論辯解了；也請別再以甚麼政府不仁、制度暴力為這些觸及人倫道德底線的惡行開脫了。這樣才是真正愛護年輕人，而不是繼續把他們推向徹底喪失道德與人性的懸崖。

（原刊於 2017 年 9 月 12 日《明報》）

過時失敗的公共房屋政策

不久前香港特首林鄭月娥曾經表示，出租的公屋單位由目前的 76 萬 5 000 個增加至 80 萬個，已足夠照顧基層家庭的需要。林鄭月娥的出租公屋單位封頂論，為日後政府可以將大部分新建公屋單位轉作「綠置居」（由目前已居住在出租公屋單位的公屋租戶，或正在申請輪候分配出租公屋的人，以綠色表格申請購買作置業用的公營出售房屋）提供數字上的依據。

林鄭月娥的出租公屋封頂論一出，立即引來立法會議員及社會人士的猛烈抨擊，認為政府只是為了滿足住宅市場需求，甚或為了迫使現正居住在出租公屋單位的住戶置業、遷出現居的公屋單位。一些人認為公屋封頂論是政府希望一方面以此提高香港自置居所的住戶數目，另一方面為減少興建公共房屋、減少政府在公共房屋供應的承擔製造條件。

其實，林鄭月娥以前曾多次提出鼓勵公屋租戶及輪候公屋的申請者，透過「綠置居」購買新建公屋，並以此紓緩公屋輪候情況，但這一措施一直被指為過分樂觀和不切實際。

目前香港共有 76 萬 5 000 個公屋住戶，佔全港住戶的百分之二十九，截至 2017 年中出租公屋輪候冊仍然有 27 萬 7 000 個申請住戶等候上樓，平均輪候需時 4 年半，比政府 3 年上樓的目標有一段距離，而且輪候情況在過去幾年一直在惡化。也因如此，論者認為以 80 萬個公屋單位封頂，在滿足香港市民對公屋需求的考慮上並不現實。

其實，林鄭月娥提出將新建環境及設施較好的公屋放入特定的物業市場，供指定的特定羣體購買，然後讓這些購入新建公屋的住戶遷出原來租住較殘舊的公屋單位，再由政府把騰出的單位修葺，出租給住在私人樓宇或環境較差的劏房而正在輪候上樓的出租公屋申請者，這政策若純粹從城市經濟學（Urban Economics）的角度看，是在純市場環境下的住房持續向下流轉過程（filtering down process）。在完美市場環境（perfect market condition）條件下，這種向下流轉過程是合理可行的。

在完美市場環境下，在居住環境較差住了一段時間的家庭若累積了一些經濟能力，可以搬出原來較差但較便宜的居所，搬進環境較好但較貴的居所。他們騰出來較差但較便宜的居所，可以讓經濟能力較低而居住在更差環境的家庭搬進。

但問題是在香港，公共房屋供應絕對不是一個完美市場環境，因而公屋單位持續向下流轉不可能發生。以「綠置居」出售新建公屋方式來推動向下流轉，只是某一公屋單位一次性的流轉，不是大範圍持續的流轉。

超過半世紀以來，香港的公共房屋政策均在絕對並非完美的市場環境下運作。起初的政策原意是為貧困人口提供低端的居所，是某種形式的基本社會保障，由政府運用公帑興建及管理公屋，對公屋租戶以極低租金的方式提供居所，是變相向出租公屋租戶提供數目龐大的福利補貼。在公屋不論是環境及設施上均大幅改善後，仍離不開作為某種社會福利補貼的本質。到後來供中低收入住戶購置、政府興建的居者有其屋或私人參與居屋計劃出現，並沒有改變香港公共房屋政策實質上是對住戶提供福利補貼的社會保障政策一部分的事實。

任何社會保障都有以實物提供福利（benefit in kind）或以金錢提供福利（benefit in cash）的區分。公共房屋作為以實物向需要支援的住戶提供極低租金居所的社會福利保障，經過超過半個世紀的運作已極度僵化，事實已證明那是追不上時代需求的社會保障政策。因為這樣的社會保障提供方式與運作模式，缺乏不斷改變的動力（dynamism of change）以適應改變的環境與條件，不能很動態地讓政府放下對不再需要支援的受助人的負擔，迅速轉為對真正有需要的人提供適當的援助與保障。

由於出租公屋住戶的世襲制度，公屋租戶老去、死亡可以由指定的子女繼續租住公屋單位，所以在過去的半個世紀，一個個新建時朝氣蓬勃、以年輕夫婦及小孩為主的公共屋邨，經過二三十年，變為一個個暮氣沉沉滿是銀髮長者的屋邨。這景象反映出以實物提供為基礎的社會保障政策，使絕大部分公屋住戶一遷進去便到老死也不再遷出，扼殺了通過持續的住戶流轉以活化老化公共屋邨的能力。

針對這一情況，政府曾經提出過「公屋富戶」政策。但這政策並不是硬性規定要把收入與資產超出限額的住戶遷出所佔用的公屋單位，讓較低收入合資格的人搬進；而只是要求這些「富戶」繳付較高的租金。在目前規定下，要高收入的公屋富戶遷出門檻很高，而且很多富戶早已通過資產轉移或其他方式，規避觸及要求他們遷出的規定界線，因此「公屋富戶」政策對促進公屋住戶流轉幫助不大。

根據香港房屋委員會的數字，「公屋富戶」有 26 000 戶，這些「富戶」平均月付租金為 2 400 港元，有學者曾經計算過，「公屋富戶」當中最富有的百分之十住戶每月租金付出只佔該住戶家庭收入的百分之五，即使最富裕的百分之三十住戶，每月租金支出也平均只佔該住戶家庭收入的百分之六。

若以「公屋富戶」租金負擔與私人樓宇的租戶比較，一些學者的研究發現，私樓中最高收入的百分之三十租戶每月平均租金支出佔家庭總收入接近百分之三十，遠比「公屋富戶」為高；而最低收入的百分之十、二十及三十私樓租戶，每月需要支付的租金佔家庭總收入分別為百分之八十、四十八及三十五。

值得注意的是，私樓租戶中最低收入的百分之十但仍上不了公屋的家庭，其租金支出竟高達佔家庭總收入的百分之八十。難怪有學者批評，「公屋富戶」正在享受本應給予基層家庭的福利，公屋作為支援有需要援助人士的一種社會福利，因政策上的僵化、沒有與時並進，以及決策官僚與爭取選票的政客不敢動既得利益者的不合理利益，使相當部分本應用作協助真正有需要的人的寶貴資源，並沒有流向真正有需要的人，而由很多根本不再需要的人長期佔用。26 000 個「公屋富戶」僅為誠實向政府呈報家庭收入的富戶，沒有如實呈報的到底有多少？沒有人知道。

特區政府曾公佈公屋的空置單位大概佔全港公屋單位的百分之四，但有學者估計實際空置的公屋單位遠不止此數。對於「公屋富戶」來說，每個月只需要付出僅相等於吃兩頓較好的晚飯的價錢作為租金，便可以保留一個他們可能並不需要使用的公屋單位。當納稅人要為租金收入不足以應付開支的公屋承擔財政赤字時，官僚卻不能有效率地要這些納稅人津貼了他們濫用公共資源的富戶遷出，使公屋合理流轉和有效率地分配到真正需要津貼的人。那是失敗的公共房屋政策。

針對已過時的公共房屋政策，政府有幾個方向可以考慮。第一，當公屋政策根本便是社會福利保障政策範疇的一部分時，便應以社會福利的角度制定政策，放棄任何以鼓勵居民置業為主從而被以市場為主導的思維影響了政策的取向。專注完善公屋的合理分配到真正需要的人，杜絕濫用公共資源，從已不應再享有這種福利保障的人取回公屋單位，讓寶貴的公屋資源流向真正需要的人，是政策的核心。

第二，出租公屋的租金必須足夠支付建屋成本回收和公屋的日常管理與維護的開支，任何低於回收建造成本與日常管理維護開支的租金水平，實質上便是把不足而由納稅人承擔的數額變成以實物向接受者提供的福利。實物提供的福利一旦發出，便很難收回或停止。因此，政策的改變應是所有人均應繳交足夠支付建屋成本回收和公屋日常管理與維護開支的租金。對不能負擔的租戶，政府可以現金或其他的補助方式給予援助。

第三，「公屋富戶」或任何已不合資格但仍佔用公屋單位的公屋住戶，必須為佔用公屋單位付出貼近市場的租金。嚴格要求不合資格的家庭為佔用寶貴公屋資源付出市場價格是推動他們放棄繼續佔用公屋的推力，是整個公屋政策改變的重要環節。

公屋政策討論就如每幾年便來一次的公屋租金調整討論，從來就是政府官僚與政黨政客和龐大既得利益羣體的政治角力。得出來的結果只反映出官僚與政黨政客和既得利益羣體的妥協，協助公屋住戶置業與公屋租戶租金減免往往是每一回合政治角力的主題。在這政治角力中，最沒有話語權的是那些仍住在居住環境惡劣劏房、輪候分配公屋單位的家庭，他們的利益往往在這充滿利益交換與妥協的政治角力中，一次又一次地被忽視。

林鄭月娥的公屋單位數目封頂論，以及計劃將大部分新建公屋單位轉作「綠置居」向現有公屋租戶出售，是另一次本末倒置，以協助有需要家庭安居的寶貴公屋資源協助已住在公屋的住戶置業，再一次忽視了正在公屋輪候冊內急需上樓等待分配公屋單位的 27 萬個家庭。

（原刊於 2017 年 12 月 17 日《亞洲週刊》）

以威權管治標籤香港的虛妄

在反東北發展示威，不當使用肢體暴力的 13 人與發動佔中、衝擊政府總部的「雙學三子」相繼被法庭判監後，香港那些具濃厚戀殖情懷的反政府勢力領軍人物均不約而同高呼香港「威權降臨」。10 月 1 日國慶，反政府遊行示威者打出的口號便是「反威權管治」。不久前，香港末代港督彭定康訪港，「香港眾志」成員林淳軒赴英牛津回訪彭定康，以自己被控「煽惑他人在公眾地方作出擾亂秩序的行為」罪而譁眾取寵、駭人聽聞地說香港已變成「獨裁城市」。

說香港是獨裁統治的「獨裁城市」，顯然地除非說這話的人是極度無知，否則說這話的人自己也不會相信；把這虛假的、譁眾取寵的話說出，反映出的是說這些話的人缺乏誠信。一些人沉湎於自欺，也樂於以此欺人，把政治環境描繪成如何如何壓迫性，以「高牆比雞蛋暴力百倍」來作為自己錯失行為的免責條款。

把香港的現狀說成是「威權管治」甚至完全虛妄的獨裁統治，恰恰是對自己行為完全沒有要求的人的政治需要，意圖以這話來開脫他們在追尋民主路上所犯上、但不肯承認的錯失。一位一直支持佔中、視佔中者為同路人的政治及文化評論人便奉勸這些人：「在這愈益嚴峻的時間，我們需要告別自欺和虛妄，做個對自己有要求的真誠的人。」

其實，甚麼是「威權主義」？21 世紀的「威權主義」便是英文的 authoritarianism。我們這一輩在上世紀 70 年代末仍在大學讀政治的年代認識的 authoritarianism 以中文表達，是「專制統治」，內涵是極權、不民主、不自由、肆意侵犯人權的一種管治方式。

新任特首林鄭月娥就反對派指香港是「威權管治」之說表示不同意，她更說香港不是、也不會成為一個「威權法治」的城市，林鄭月娥所說的「威權法治」(或「法治威權管治」) 是她用英文表達的 Authoritarian Rule of Law。

Authoritarian Rule of Law 其實是一本書的書名，是一位新加坡律師轉為學者 Jothie Rajah 在 2012 年出版的一本書的書名。

香港時下一些反政府的青年人所說的「威權管治」其實便是 Jothie Rajah 書中所說以法律為工具進行的「威權管治」，這也是過去半個世紀缺乏法治地區的政府管治潮流，從傾向任意行使政治權力，轉變為傾向制定法律條文以增加管治合法性的一種大趨勢，與我們這一輩在大學讀書時，大多數實行「威權管治」的政府仍然是依賴任意運用政治權力或武裝力量管治的「專制統治」不同。

傳統政治學的觀點是「威權主義」或我們一輩所稱的「專制主義」，與「法治」是水火不容的，但在 2012 年出版的 *Authoritarian Rule of Law* 以至後來一些學者的跟進研究，得出的觀察結果是新加坡的管治模式，為「威權管治」提供了一個近乎符合法治要求的國家治理模式的典範。

新加坡「威權管治」的方式是政府在處理糾紛、調解矛盾時堅守作為法治基石的司法獨立與程序正義。這樣的堅持，在非政治層面為新加坡的經濟與社會發展和商業與投資環境，提供了舉世信賴的保障。但另一方面，司法獨立與堅守程序正義，加上執政黨對立法的控制，同時也成了政治層面中執政黨對內壓制異見者的有效和合法的法律工具。

1988 年舉世聞名的 Chng Suan Tze 起訴新加坡內政部的案件，突顯了「威權管治」的政府，可以如何在堅守司法獨立、程序正義的同時，最終仍能合法達致打壓異見者的目的。

案中的 Chng Suan Tze 連同其他 3 位異見者，被新加坡政府以顛覆政府為理由根據獅城的內部安全條例（Internal Security Act，簡稱 ISA）的規定拘禁。ISA 沿用英殖民統治時代遺留下來的法律規定，授權行政部門可以不經審訊對危害國家安全的有關人士進行拘禁。被拘禁的 Chng Suan Tze 起訴新加坡內政部，質疑對他的拘禁是否為憲法所容許，並指政府拘禁行動為非法及越權。案件在原訟庭及上訴法庭，均判新加坡政府敗訴，新加坡上訴庭並指 ISA 授予政府對公民任意行使拘禁權力違反新加坡憲法及無效。

上訴庭判新加坡政府敗訴後，新加坡政府並沒有如一般所理解的專制政府般拒絕執行法庭命令。反之，新加坡政府遵守了法庭命令把 Chng Suan Tze 釋放。

但在案件完結後的第二年，即 1989 年 1 月，新加坡政府隨即通過執政人民行動黨對國會的絕大多數控制優勢，修改涉及內部安全條例的相關憲法條文，使 ISA 合乎憲法規定，並且在修憲完成後隨即再次把 Chng Suan Tze 拘禁。

在 1990 年，前新加坡總理李光耀在卸任總理轉為內閣資政前夕，曾這樣說：「依英國的教條，個人權利必須是最高的考慮。我們擺脫了那些與新加坡習慣與價值不相符的英國標準的束縛……我們處理的方式基本不同之處源於我們的傳統亞洲價值體系，我們的價值體系將社會公眾集體利益放在個人利益之上。」

新加坡最高法院的首席大法官在 1995 年也回應了李光耀的說法，說：「我們的傳統一直強調個人責任的重要和把社會整體利益放在首位，但另一方面，相對沒有那麼保守的信念宣揚的是個人權利更為重要。」

沒有人會否認新加坡是一個法治社會。法治社會的「威權管治」的特質是以獨立司法與程序正義為工具，為限制公民權利與自由提供了法律與程序的合法性依據。法治社會中「威權管治」背後的政治理念是李光耀所說的亞洲價值體系，也就是整體社會利益高於個人的權利。這種政治理念與西方民主體制中推崇個人主義和最大程度伸展個人權利的基本理念截然不同。過去幾十年新加坡在經濟與社會發展的成功，為新加坡模式的「威權管治」的合理性與合法性提供了現實的依據。因而新加坡模式的「威權管治」，也成了包括中國在內的很多非民主國家執政黨學習的對象。

回看香港，究竟香港當下是不是如一些年輕人所說的「威權管治」？其實，是否「威權管治」可以通過回答一些問題作為衡量的指標。

（一）政府部門在處理涉及市民權利的事件中，有沒有慣性超越法律規定侵犯市民權利的行為？

（二）對政府部門違法與越權行為，體制內有沒有足夠的監察與制衡機制？

（三）司法是否獨立？司法獨立是否受干擾？

（四）法庭對政府部門的違法與越權侵犯市民權利的行為是否能有效制約及糾正？

（五）政府有否曾經任意通過修改法例收緊市民權利？有沒有這樣的權力？

（六）現行體制內有沒有足夠的力量制衡政府任意修改法例？社會上有沒有不受干擾的輿論制衡政府任意修改法例？

從上述的指標看，香港特區政府絕非新加坡模式的「威權管治」政府。當然，反對政府者可以、也必然會以中央政府前一些時間解釋《基本法》，導致幾位立法會議員因宣誓無效而被褫奪議員席位，作為香港已「威權降臨」的事實證據。究竟香港因釋法導致幾位議員喪失議席，與作為「威權管治」的典型案例——新加坡的 Chng Suan Tze 案是否可以類比，持不同政治立場的人會有不同的看法。

在香港，膚淺地擁抱西方民主社會傳統中個人自由與權利至上的人，均墮入西方思維方式的二元對立非黑即白的思維陷阱。依這樣的二元對立思維，當他們奉某一種觀點為正確時，與他們觀點不一致的便被他們視為邪惡。因而對他們來說，個人自由與權利至上，任何對個人自由與權利的制約必然邪惡；按他們標準的民主至上，不民主或任何不按他們標準的民主便是邪惡；他們擁抱不要任何制約的自由與個人權利，因而當他們的個人自由與權利受到制約或他們濫用自由與權利而必須承擔法律後果時，便把這些制約指斥為「威權管治」。

歸根究底，宣稱香港進入「威權管治」時代，以至虛妄地指香港進入「獨裁統治」的指責，均源於提出這些觀點的人擁抱西方民主社會傳統中個人至上，以至把個人自由與權利最大限度擴張，拒絕接受任何自由與權利均必然有某種制約的客觀事實，把一切在任何法治社會中對個人自由與權利的正常制約，均指斥為對個人權利與自由的打壓。

任何法治社會都必須警惕「威權管治」的可能降臨。但何謂「威權管治」？不能簡單地說沒有普選民主便是「威權管治」。不能說個人自由與權利受到制約便是「威權管治」。同時，也不能說有民主選舉便不是「威權管治」。有民主選舉的新加坡的「威權管治」便是例子。21 世紀的「威權管治」絕非反政府者遊行時喊出和掛出來引人注目的簡單口號和標語。政府管治是否「威權管治」有一大堆客觀準則來衡量，政客們缺乏充分證據便簡單地以「威權管治」標籤香港，作為哄騙羣眾支持的口號，反映出的恰恰便是他們自欺欺人的虛妄與無知。

（原刊於 2017 年 10 月 22 日《亞洲週刊》）

不容挑戰的「一言九鼎」權威

在殖民地時代的香港讀英國法律的學生，都會聽過 18 世紀從瑞士移居英國的政治哲學家 Jean-Louis de Lolme 這樣形容英國國會的權力：「除了把一個女人變成男人和一個男人變成女人外，英國國會可以做任何事情。」（parliament can do everything but make a woman a man and a man a woman）

英國是一個沒有成文憲法的國家。實行君主立憲後，英國國會接收了中世紀時代具極權統治權的王室的絕對王權，國家立法權力全在英國國會。所以有一種說法是，在英國，國會可以決定甚麼是合法、甚麼是不合法及該如何懲治違法者。國會可以決定委任大臣、首相、廢除死刑、重新訂立死刑、加入歐盟，甚至退出歐盟。

以現代昌明醫學來看，國會是否真的如 Jean-Louis de Lolme 所說，不能把女人變成男人或男人變成女人的說法，也變成了一個很大疑問。女變男、男變女只要是醫學上可行，英國國會就可以通過簡單大多數立法一錘定音說了算。

回到今天香港，長時間圍繞高鐵西九龍站推行「一地兩檢」的法律與憲制爭論，也在人大常委會副秘書長李飛先生稱人大決定「不容置疑」中一錘定音。在人大常委「一言九鼎」的權威，加上人大常委的決定等同法律的說法下，排除了任何以法律理據挑戰人大常委會決定的可能。後續的爭拗角力不可能是法理爭論，而只能是政治上的角力。

人大常委會以批准香港特區政府與廣東省政府，透過國務院向人大常委提出呈請，批准高鐵西九站設立口岸實施「一地兩檢」的合作安排的形式，作出《決定》確認批准「一地兩檢」的《安排》，使《安排》通過人大常委會的《決定》具備了法律授權。

以這樣的方式給予《安排》法律效力，讓有關安排變成合法，是否恰當，不同人根據不同法律觀點會有不同看法。當中爭論關鍵，是內地執法人員在高鐵西九站指定範圍內執行內地法律的合法性問題。

反對以這樣方式通過推行「一地兩檢」的大律師公會及個別大律師認為，以這方式通過推行「一地兩檢」《安排》，實質是借用人大常委的法律授權，迴避了《安排》在普通法慣常理解與處理方式下違反《基本法》第 18 條第 2 款，亦即「全國性法律除列於本法附件 3 者外，不在香港特別行政區實施」規定的質疑。個別大律師因此說有關《決定》是「人大說了算」。

對於爭論的焦點——《基本法》第 18 條第 2 款——人大常委的處理方式是，由港澳辦主任張曉明先生對交由人大常委作出決定批准《安排》的草案中提出《說明》，在《說明》中指出內地法律只限於在西九站內地管轄口岸區實施，而非整個香港特區實施，故此不違反《基本法》第 18 條。人大常委通過《決定》便是接納了《說明》對《基本法》第 18 條第 2 款的解釋。也因如此，公民黨大律師陳淑莊便批評《決定》是對《基本法》第 18 條「提前釋法」。

以普通法的理解方法解讀《基本法》第 18 條第 2 款是從字面上的理解，所以大律師公會指出，張曉明先生的《說明》「有違該條文的任何正常解讀」，而且完全漠視《基本法》第 18 條第三款訂明，只有《基本法》附件 3 的全國法律方可在香港特區境內實施的規定。

對於大律師公會的批評，特首林鄭月娥高調回應重申「一地兩檢」的三步走安排，有充分法律基礎、程序嚴謹，認為「人大說了算」或「人治」的說法都不正確。她不點名批評部分法律界人士有「精英心態」、「雙重標準」。她說「香港法律制度下的事就至高無上，在內地一個這麼大國家，13 億人口國家的法律制度就是不對的」。她稱這心態「不利香港『一國兩制』下保持高度自治，亦不符合須先認同『一國』基礎，來保障『兩制』繼續發揮功能」。

特首林鄭月娥對批評人大常委《決定》的回應，只是挾民調顯示港人大多數支持「一地兩檢」的強勢，對批評者作政治表態的回應。

內地對法律的解釋往往是從立法原意理解。張曉明先生的《說明》實質上便對《基本法》第 18 條第 2 款「釋法」，把第 2 款解釋為全國法律不在香港特區實施的限制，只包含限制要在整個香港特區實施的內地法律，而不限制不在整個香港特區實施，而只在部分地域實施的《基本法》附件 3 以外的內地法律。

《說明》就有關《基本法》第 18 條第 2 款的立法原意解釋是否合理，可以有不同理解。但從程序上看，習慣了普通法的律師和大律師都會認為程序上有問題。因為在人大常委決定批准接受「一地兩檢」的《安排》，等同接受了《說明》對《基本法》第 18 條第 2 款的解釋為人大認可的解釋，實質上不單是剝奪了香港法院對法律條文解釋的權利，也剝奪了香港法院向人大常委會尋求釋法的權利。這樣的「釋法」方式甚而不是人大常委會主動釋法。

全國人大作為立法機構，就如沒有成文憲法的英國國會一樣，具備通過立法決定甚麼是合法、甚麼是非法的最高權力。客觀地說，人大常委會處理《安排》的做法，確實是以人大無上權威給予《安排》不可挑戰的合法授權 。以全國人大同時具備立法與解釋法律的權力，人大作甚麼決定、接受對《基本法》作怎麼樣的解釋，香港法院無法挑戰。以三權分立的普通法原則、程序與習慣挑戰人大常委會的決定，也必然徒勞。對中央政府而言，「一地兩檢」爭議折射的，不是法理上的對錯，而是誰擁有治港話語權。在治港的重要議程上，中央政府不但牢牢掌握，而且正在毫不猶豫地展示治港話語權。

人大常委會拒絕依據任何《基本法》條文批准執行「一地兩檢」《安排》，只依中國憲法賦予人大的最高權力，把《安排》視為一沒有法律爭議的行政安排方式，以人大給予法律授權方式推行，便是不讓緊抱普通法的香港法律界與司法界援引《基本法》條文挑戰「一地兩檢」。在處理「一地兩檢」的法律基礎問題上，可以看出的是，中央政府對受普通法傳統主導的香港司法能否作出符合中央想法的裁決並不放心。在中央政府提出「全面管治權」的大背景下，中央政府正逐步收回治港話語權。

三權分立下英國的法庭可以挑戰國會「把女人變成男人」的

立法決定；但與傳承了英國普通法傳統的香港不一樣，實行大陸法的中國內地不接受三權分立。全國人大牢牢掌握了立法與法律的解釋權。人大常委通過「一地兩檢」《安排》所引發的爭議，便是兩種不同制度的碰撞。自香港主權回歸中國後，憲制上的政治現實確實是「人大說了算」。特首批評緊抱《普通法》的一些法律界有「香港法律制度下的事就至高無上」的「精英心態」，並非無的放矢。在目前憲制安排下，政治現實是至高無上的不是英國一個半世紀管治遺留下來的殖民地法制，而是隨回歸而來新憲政安排下，香港的法律界也好、法院也好，都沒有可能挑戰「一言九鼎」的人大常委會的權威。

（原刊於 2018 年 1 月 12 日《明報》）

中央政府逐步收回治港話語權

香港高鐵建設已接近尾聲，圍繞高鐵西九龍站推行「一地兩檢」長達兩年多的法律基礎與憲制依據爭論，也在人大常委會副秘書長李飛來港一錘定音說了算。有關爭拗在李飛指稱人大常委會決定「一言九鼎」，是「重要的憲制性判斷，不容置疑」聲中暫時落幕，無論反對者如何繼續以法律理據挑戰人大常委會的決定，後續的爭拗角力恐怕只是政治角力而非法理爭論。

由全國人大常委會在 2017 年終結前最後一星期批准的《高鐵西九龍站設立口岸實施「一地兩檢」的合作安排》(簡稱「安排」)，讓整套中國內地法律可以在高鐵西九龍站內的內地人員執法區域範圍內執行，源於香港特別行政區政府與廣東省政府透過國務院向人大常委會提出呈請，要求確認「一地兩檢」的安排。全國人大常委會決定批准了「安排」(簡稱《決定》)，使「安排」具備了法律授權。《基本法》委員會委員譚惠珠更進一步稱，人大的《決定》本身便是等同法律，具有約束力。

反對以這樣方式通過推行「一地兩檢」安排的反對重點是：以這方式通過推行「一地兩檢」安排，授權內地執法人員在高鐵西九龍站指定範圍內執行內地法律，實質迴避了「安排」違反《基本法》第 18 條第 2 款，亦即「全國性法律除列於本法附件 3 者外，不在香港特別行政區實施」的規定。

國務院港澳辦主任張曉明在人大常委會作出決定批准「安排」的草案中，提交了《說明》，在《說明》中提出內地法律只限於在西九龍站的內地執法人員管轄口岸區實施、而非在整個香港特別行政區實施，故此不違反《基本法》第 18 條。在人大常委通過《決定》批准「安排」作為處理「一地兩檢」的法律授權依據這事上，可以看出香港特區政府、廣東省政府，以至國務院均在處理這問題上作了前設，那前設便是「安排」僅僅是一個涉及國家行政管理並無法律爭議的行政安排。

對於此處理方式，反對者特別是香港大律師公會當然不同意，以普通法的理解方法解讀《基本法》第 18 條是從字面上的理解，所以大律師公會指出，張曉明的《說明》有違該條文的任何正常解讀，而且完全漠視了《基本法》第 18 條第三款所說只有《基本法》附件 3 的全國性法律方可以在香港特區境內實施的規定。有大律師批評，人大常委接受以這種方式詮釋《基本法》第 18 條然後作出接受「安排」的《決定》是「人大說了算」。反對「一地兩檢」的一地兩檢關注組批評，人大常委的《決定》形同「預先釋法」。

內地對法律的解釋往往是從立法原意去理解，事實上過去幾次人大常委就《基本法》進行的釋法，都是從《基本法》立法原意去理解。依此理解方式，有支持《決定》與《說明》的大律師便引用普通法法院解釋法律時不時會引用的「植入遺漏立法原意」原則 (to have an omission read into the law)，將立法時某法例某預定立法目標的原意，因立法時遺漏未有將落實該目標原意的有關條款加入或有關條文未能落實預定的立法目標原意時，法庭會將有關屬立法機構立法原意但遺漏了的條文補充植入（read into）相關法例中。

但值得注意的是，人大決定批准「安排」的過程顯示人大常委會通過《決定》時，已留意到《基本法》第 18 條第 2 款的規定出現「遺漏了的立法原意」，故才會有張曉明的《說明》。站在普通法的角度，相關遺漏的立法原意應由普通法法院執行「植入遺漏立法原意」，現在卻變成由港澳辦主任向人大常委會提交《說明》便處理掉。撇開《說明》就有關《基本法》第 18 條第 2 款的立法原意解釋是否合理不談，從程序上看，只接受普通法的律師和大律師都會認為程序上有問題。因為受普通法訓練的律師、大律師眼中，由張曉明提交《說明》解釋《基本法》第 18 條第 2 款，剝奪了三權分立下普通法法院對該法律條文解釋的專有權力。

接受香港主權回歸到實行大陸法的中國，便必須接受全國人大依《憲法》第 31 條及第 62 條設立香港特別行政區及為其制定制度這現實。全國人大為香港特別行政區制定《基本法》，對《基本法》的解釋權全國人大也保留了，香港法院解釋《基本法》的權力來自人大授權，不享有解釋《基本法》的專有權力。

法律出現遺漏不能體現立法原意，普通法做法是由法庭補充植入條文完善；《基本法》經過 20 年的實踐是《基本法》條文疏漏由人大常委會釋法。現在人大常委會就「一地兩檢」「安排」的《決定》的做法是連釋法一步也免了，以《說明》代替，配以人大常委會的「一言九鼎」「不容質疑」權威來回應反對者的質疑，處理方式確實值得商榷。

但若從更深層次看「一地兩檢」爭拗所引發的問題，可以看出歸根究底，人大常委會拒絕依據任何《基本法》條文批准執行「一地兩檢」安排，不讓香港法院在爭拗中有機會行使對相關條文的解釋權，所反映的是爭拗本質是話語權，或者說得明白一點，也正確一點的是「話事權」的爭奪。

回歸初期，有關港人內地所生子女以至內地居民在港所生子女居港權問題，引發的一連串法律爭議訴訟，中央政府從最初的任由本地法院對法律進行解釋裁決，到通過特區政府報請國務院提請人大釋法，再到不久前本土自決立法會議員就任宣誓風波，由人大常委會在法官對相關官司作出裁決前已主動釋法規範香港法院的裁決，一步一步突突顯了在中央政府提出「全面管治權」的大背景下，中央政府正逐步收回治港話語權、話事權。在涉及治權的問題上，過去任由香港法庭依從普通法傳統與慣例說了算的日子恐怕已成過去。

中央政府在涉及香港治權法律理解上收緊，已發生了的例子均顯示中央政府不希望讓某些中央政府認為是重要的、涉及管治權的法律，讓香港的法院純按普通法原則與慣例自主解釋，這也正反映了中央政府對受普通法傳統主導的香港司法，能否作出符合中央政府立法原意裁決的不放心與骨子裏的不信任。

與傳承了英國普通法傳統的香港不一樣，中國並不實行三權分立，全國人大牢牢掌握了立法與法律的解釋權。所以在某種意義上說，就《基本法》的解釋而言，憲制上的政治現實確實是「人大說了算」。人大副委員長李飛所說的「一言九鼎」恰恰便是這個意思，問題只是香港人，特別是香港法律界中的一些人，基於個人排他地只接受熟悉的普通法法律原則，因而不能接受、也不願意接受，自香港回歸中國後出現的新憲政秩序中《基本法》的解釋權，已牢牢掌握在人大常委會手裏這憲制上的政治現實而已。

現今世界，國家的基本大法均稱「憲法」，由經選舉產生的議會制定。香港及澳門特別行政區非主權國家，基本大法不稱「憲法」而稱「基本法」。主權國家基本大法不稱「憲法」而稱「基本法」的寥寥可數，其中德國是典型例子。

德國在二次大戰戰敗後，國家分裂為東德與西德。西德由盟軍控制，在英美法三國監督主導下於 1949 年制定憲法。但實質上，這部憲制文件是在佔領德國西部的盟軍監督下制定，而非獨立國家具有完整主權的狀況下，通過民選代表與民主程序制定。參與制憲的德國人不願意稱這部法律為「憲法」，認為德國只有在統一和具完整主權時才能制定憲法。

參與制憲的德國人，為了讓這部英美法三國主導下為西德地區制定的憲制文件豎立憲制地位，同時不希望因西德立憲而讓東西德分裂變成永久事實，借助前蘇聯擴張的壓力逼使英美法三國在不願意的情況下，接納了時任漢堡市市長的建議，不稱這部憲法為「憲法」，而稱之為「基本法」(Grundgesetz)。西德的「基本法」原意是過渡時期相當於憲法的法律。1990 年兩德統一，西德吃掉了東德，西德的《德意志聯邦共和國基本法》(Grundgesetz für die Bundesrepublik Deutschland) 成為統一德國後的德國憲法，但仍稱「基本法」。

香港《基本法》草擬時，兩德仍未統一。全國人大為香港制定《基本法》時，是否參照了二戰後西德訂立「基本法」背後的理念，對不曾參與其中的人來說已無從稽考。但肯定的是《基本法》是不具備完整主權國家權力地區的憲制性法律文件，換句話說也不具備等同主權國家憲法的最高權力。排他性地只接受普通法的律師和大律師漠視了《基本法》憲制框架下的政治現實，意圖以平等地位以普通法傳統和習慣在《基本法》框架下挑戰人大常委會與中央政府的權威，最終恐怕只能無功而回。

（原刊於 2018 年 1 月 14 日《亞洲週刊》）

從「五角大樓文件案」到「雙學三子案」

由梅麗·史翠普（Meryl Streep）及湯·漢斯（Tom Hanks）主演的《戰雲密報》（*The Post*）剛在香港上映，從新聞工作者角度講述了 1971 年「五角大樓文件案」：1966 年越戰期間，美國國防部長麥南馬拉在聽取戰地考察報告後，一方面向當時的總統詹森（又譯約翰遜）報告說美國無可能在越南戰勝，另一方面卻對公眾說對越南戰事充滿信心。

當時隨美軍在越南戰地考察的分析員 Daniel Ellsberg 在幾年後，竊取了美國自二戰後開始由 1945 年至 1968 年有關越戰的機密報告，洩漏給《紐約時報》刊登，揭露自二戰後歷任美國總統一直在欺騙美國民眾，明知不能在越南戰場上取勝，卻繼續把美國青年人送上越戰戰場。

當時總統尼克遜主政的白宮在《紐約時報》洩密後，立即以非法竊取及洩露國家機密文件危害國家安全為由，向南紐約地區法院申請禁制令，制止《紐約時報》及任何提供文件給《紐約時報》的人繼續洩露機密文件內容。

《紐約時報》被禁制的官司在進行時，《華盛頓郵報》取得了幾千頁的五角大樓機密文件，由於洩密文件極可能與《紐約時報》的來源相同，刊登差不多肯定會被起訴。當時《華盛頓郵報》正在安排上市，在評估刊登五角大樓文件被控告可能對上市的影響及評估該報出版人及編輯被控告的風險後，當時仍是地區小報的《華盛頓郵報》繼承父業的女股東及出版人嘉芙蓮．格咸（Katherine Graham）甘願承受被法庭起訴的風險，刊登了機密文件。文件在《華盛頓郵報》刊登後，白宮隨即向哥倫比亞地區法院申請禁制令。

在《紐約時報》案中，南紐約地區法院不同意向《紐約時報》頒禁制令，白宮向負責處理南紐約地區法院上訴案件的第二巡迴上訴庭（Court of Appeals for the Second Circuit）上訴，第二巡迴上訴庭向《紐約時報》頒下了禁制令。但在《華盛頓郵報》的案件中，哥倫比亞地方法院與負責處理哥倫比亞地方法院上訴案件的哥倫比亞巡迴上訴庭（Court of Appeals for the DC Circuit），均拒絕向《華盛頓郵報》頒禁制令。

由於 2 個上訴庭對同一案情的案件處理不一致，因此案件交到了美國聯邦最高法院（United States Supreme Court）處理。結果，聯邦最高法院 9 位法官以 6 對 3 裁定《華盛頓郵報》及《紐約時報》勝訴。影片中末段引述了其中一位贊同取消對《紐約時報》禁制令的法官 Hugo Black 的判詞說，美國憲法第一修正案賦予「新聞自由的目的是服務人民，而不是統治者」（Free press was to serve the governed, not the governors）。那是扣人心弦的完美判詞。

高呼新聞自由是扣人心弦的。但從法律角度看，「五角大樓文件案」的重心不是如何詮釋新聞自由，而是由《紐約時報》首先在 1971 年 6 月 13 日刊登機密文件那天起，只經過了短短的 11 天時間，到 6 月 23 日 2 個上訴庭便在巨大的時間壓力下，匆匆處理了白宮對兩間報館的禁制令申請；一星期後在 6 月 30 日聯邦最高法院在同樣巨大的時間壓力下，匆匆就 2 個上訴庭的判決作裁決。

第二巡迴上訴庭在沒有研究機密文件內容情況下，向《紐約時報》頒下禁制令以暫時維持現狀，目的便是讓報館與白宮可以有更多時間，就機密文件是否真的涉及危害國家安全的機密而必須禁止刊登，作出詳細爭論，然後再裁定禁制令是否應該繼續或解除。對解除《紐約時報》禁制令持異議 3 位法官之一的聯邦最高法院首席法官 Warren E. Burger 便說，《紐約時報》得到文件後自己禁制發表、花了幾個月的時間研究 7 000 頁文件內容才發表，對有這樣長時間作研究，白宮只有羨慕的份兒。

普通法法院的特色是法官在對放在他面前的事作出裁決時，無論他作出的判決是左或是右，是上或是下，他們都可以提出近乎完美的解說。

贊同禁制令的首席法官 Warren E. Burger 在他的判詞說：「我們都追求更快速的司法程序，但當法官如在這兩案件中般被施壓，結果便是對司法功能的嘲弄。」（We all crave speedier judicial process, but, when judges are pressured, as in these cases, the result is a parody of the judicial function）若聯邦最高法院以 6 比 3 裁定勝訴的是白宮而不是《紐約時報》及《華盛頓郵報》，那首席法官判詞，同樣可以作為拒絕匆匆解除《紐約時報》禁制令裁決完美解釋的無瑕判詞。

回到香港，終審法院就「雙學三子」黃之鋒、周永康、羅冠聰在佔中前夕暴力衝擊政府總部頒下判詞，推翻了上訴庭改判入獄的裁決，並恢復原審裁判官判以社會服務令及毋須即時入獄的裁決。

上訴庭改判原審裁判官量刑裁決的理由是原審裁判官錯誤地沒有考慮4點因素，包括（一）裁判官沒考慮阻嚇性刑罰因素，（二）裁判官沒考慮事件為大型集會而發生武力衝突的風險，（三）裁判官沒有考慮被告必定知道他們與保安及警務人員的磨擦必然會引致一些保安員受傷，（四）裁判官沒有考慮在之前在政總外的集會，而強行進入政總示威是違法的。

上訴庭同時認為裁判官對被告的悔過過分重視，上訴庭認為上訴人的悔過是表面文章而不應給予過重的考慮。

終審法院推翻上訴庭裁決，維持裁判官量刑裁決。終審法院其中一個不同意上訴庭裁決的重要理由是終審法院認為裁判官在覆核量刑時，已說明她已小心考慮了所有、包括前面四點所述的因素，並非如上訴庭所說沒有考慮（overlook），而被告人是否悔過是由她來決定被告人是否真誠道歉及從而作出裁決，故終審法院認為裁判官作出社會服務令的裁決並非明顯不足（manifestly inadequate）。因而上訴庭不應以與裁判官不同的衡量標準去處理，為此終院維持了原裁判官的量刑裁決。

刑事案件的審訊與量刑裁決中，普通法院法官具有廣闊的空間對自己的裁決作出解釋，而不單是法律或是事實的解釋空間。但即使有這樣的空間，法官也可以純以法律的尺度，排除個人傾向而作出裁決。就如在 1922 年，印度聖雄甘地因煽動叛亂罪，被英殖民地政府起訴，在 The Great Ahmedabad Trial 中，主審法官 Judge R. S. Broomfield 在依法判他 6 年監禁的重刑後說：「在政府釋放你那一天，沒有人會比我更高興。」(Nobody would be happier than me the day the Government releases you from the prison）。

甘地案的主審法官雖然在判刑後表達傾向同情甚至贊同甘地的政治目的，但在判刑上，他並沒有受到他個人的傾向所影響。

如果用 1922 年甘地案法官量刑的標準與方式，看今天香港同是普通法法官的量刑，從他們的判詞中可以看到，到處都充滿着他們對某一政治取向的贊同與厭惡的傾向，而非純以法律考慮作出裁決。「雙學三子案」中終審法院便明言法庭接納非暴力的公民抗命的政治理念；反之，對上訴庭法官楊振權在判詞中指斥「社會近年瀰漫一股歪風，一些有識之士鼓吹違法達義的口號，不幸對部分年輕人造成了影響」的不贊同公民抗命的政治理念的說法，終審法院表明不認同。由此可見，終審法院在其判決中的政治傾向與上訴庭法官楊振權所顯示的政治傾向分歧至為明顯，而他們兩者之間的不同裁決也明顯反映了這政治傾向上的分歧。

1922 年判甘地入獄的法官在判刑時，沒有受到他個人的政治傾向影響。但若說在差不多一百年後香港的終審法院、上訴庭或裁判官的量刑裁決不受法官個人的政治傾向影響，恐怕只是自欺欺人。

當普通法法院法官在普通法制度下，可以擁有廣闊的空間，從社會、政治、公民權利、制衡政府、甚至個人道德倫理價值觀念傾向去解釋他們裁決的理由，為裁決作出一套合理解釋，法院的判決變成了反映法官個人在這些價值上的取向。

以終審法院對「雙學三子案」量刑裁決為例，假若終院同意上訴庭法官的裁決，終院的判詞便可以這樣說：「雖然原審裁判官在量刑時說已考慮了判刑的4個因素，但只判社會服務令的判刑，相對於所發生的暴力，本身所反映的正是她沒有對4個因素作出透徹的考慮，否則不可能得出3個被告人不需即時入獄的裁決。」這樣也可以是同樣完美的判詞。

法官個人的政治、宗教傾向與道德、倫理價值取向，在送交法庭裁決的重要公眾議題對社會產生的影響是如此的深遠。這解釋了為甚麼每當美國聯邦最高法院出現空缺時，美國社會的各種力量、民主黨與共和黨、保守派與開明派、傳統派與自由派，均盡全力爭取把近乎自己一方價值取向的人推上填補空缺。

香港司法體系的實況是法官與裁判官來源單一，由幾間本地大學畢業的大律師主導，一直都有向西方自由派思潮傾側的傾向。如何讓他們每一位都能像1922年判甘地6年監禁的法官那樣，不受個人價值觀念與政治傾向影響判決，是重大課題，並將直接影響人們對香港司法公正的信心。

（原刊於2018年3月25日《亞洲週刊》）

篇後記：

2020年香港各級法院處理反修例暴力示威案件，因不同法官與裁判官明顯的不同政治取向而出現憑個人主觀選擇證據定罪或判無罪，也憑個人政治取向量刑，引來大量批評及呼籲司法改革之聲。其實香港各級法官與裁判官判決受個人政治傾向影響在處理 2014 年佔中案件時已出現。普通法法官在判案頒判詞時享有的廣闊自圓其說空間的特點，使普通法法院法官可以有很大空間把個人政治、宗教傾向與道德、倫理價值取向體現在判決中。

一個不是普通香港人的港獨立場

中國前領導人鄧小平先生在 1989 年「六四」事件後，辭去了所有黨內外職務，成為中國共產黨的一位普通黨員。

1992 年 1 月，鄧小平以中國共產黨一位普通黨員身分，乘專列南下抵達武昌。這位中共的「普通黨員」在武昌車站發表了 1992 年南巡的第一次重要講話。他說「發展才是硬道理！成天去爭論資本主義社會主義有啥意思？」他更說一句「人民需要改革開放，誰不改革誰下台」的狠話。他更要求在場的中共湖北省委負責人把他的話轉告北京。這句由一位「普通黨員」提出的狠話，自 1992 年鄧小平南巡後，便成了中共評核官員的標準。

當然沒有人會相信一個普通黨員批評那些不堅持改革開放的官員的話會有如此的分量，因為沒有人相信鄧小平先生僅僅是一個「普通黨員」。

回到香港，不久前說自己是「普通人」的香港大學法學院副教授戴耀廷先生的一番港獨言論，引起軒然大波。

今年 3 月戴先生在台灣的一個論壇中講述了在中共崩潰時，香港、西藏、新疆、台灣、甚至內蒙古都可以相繼獨立的論點。戴先生的香港可以獨立論，被反對港獨人士及媒體口誅筆伐。戴耀廷先生面對對他鼓吹港獨的指責，一方面辯稱他本人並不支持港獨，他說他的論點只是學術討論，另一方面他指控對他批評的人在對他進行文革式批鬥的白色恐怖。此外他更說自己只是一個普通人，行使學術自由與言論自由的權利，表達了一個普通人的學術觀點，以此為自己發表的香港可以獨立的政治立場辯解。

鄧小平先生固然不是中國共產黨的普通黨員，但若觀乎戴耀廷先生過去幾年在香港所做的事情，他也絕對不是香港的一個普通人。以普通人的學術自由與言論自由為他的港獨言論辯解，只是他不敢為自己政治立場負上責任的遮醜布。

戴先生在 2013 年開始發起「佔領中環、公民抗命」運動，得到眾多泛民政黨與團體的支持，很多學生也奉他為精神領袖。在 2014 年，他發動了為期 79 天的佔領中環運動。明顯地，戴先生不是香港的一個普通人，甚至不單是一個意見領袖，而是一個帶領十多萬學生進行政治運動的政治領袖。他在台灣發表的中共崩潰，香港與台灣聯同新疆、西藏、內蒙可以分別獨立的立論，怎可能是一個普通人的學術研究？就如香港很多泛民人士批評國內來港發表支持中央政府言論的內地學者，不是普通學者的學術研究而是政治宣傳一樣。

戴先生意圖以自己是普通人身分來逃避他發表港獨言論的政治責任，意圖以此逃避別人的口誅筆伐，就如同他佔中前信誓旦旦說會為佔中坦承罪責、佔中中段便為保在港大的教席丟下風餐露宿的佔中學生逃回港大、佔中後被追究罪責時便官司打到底處處卸責的一貫作風。似乎，甚麼時候是台上慷慨陳詞指揮呼喚萬千學生與年輕人佔中的政治領袖、甚麼時候是為港獨可行性背書的學者、甚麼時候是在被猛烈抨擊時匆匆變回普通人以逃避責難，全是戴先生按他自己需要由他自己說了算。

企圖以佔領中環迫使港府及中央在 2017 年普選特首安排上讓步，戴先生發起的一次大規模羣眾運動最後以失敗告終。一些與他一起發起與參與佔中的核心人物的港獨與自決傾向，在佔中時秘而不宣，在佔中失敗後便開始明顯宣示；特別是在 2016 年的立法會選舉後，一眾港獨自決傾向的當選議員在就任宣誓中表露無遺。

今年 3 月戴耀廷先生出席在台灣舉行的「港澳中、各民族及台灣自由人權論壇」所發表的中共崩潰論，他表達了中共崩潰後他「想像」中，中國境內不同族羣，如西藏、新疆、內蒙古等，可以紛紛獨立成為獨立國家，他同時把香港也加入這種想像中。

戴耀廷先生早在 2016 年 5 月便已在他發表的文章中提出若中共崩潰，香港在國際社會支持下可以走向獨立的言論[1]。接着在 2016 年 6 月戴先生在台北華人民主書院舉辦的講座中，便明言中國分裂成眾多個國家沒有甚麼問題，他並且表態說他其實並不反對獨立，並認為「獨立」應該是港人前途自決的公投選項之一[2]。戴先生在 2016 年時表達不反對香港獨立是政治表態而非學術討論觀點，明顯與他這次為辯解自己的香港可以獨立論為學術探討，而說自己並不支持港獨的說法自相矛盾。

戴先生 2016 年的「不反對」港獨究竟是支持港獨、還是不支持但樂觀其成？戴先生 2018 年的「不支持」港獨究竟是反對港

---

1 〈走進歷史迴旋的香港〉，2016 年 5 月 3 日《蘋果日報》。

2 〈戴耀廷談中國崩潰與港獨的出路〉，2016 年 6 月 13 日《自由亞洲電台》。

獨、還是不反對但不希望發生？面對質問，看來戴先生要給市民及他的支持者一個光明正大的「支持」或「反對」說法，甚而他可以以他一貫作風乾脆選擇抽身事外說香港獨立與否「不關他事」。他這種前後不一取巧地玩「不反對」與「不支持」含糊其詞愚弄公眾的文字遊戲，怎可能是一個真正學者應有的所為，那只是一個意圖卸責、機會主義者的狡獪辯詞。

戴先生辯稱他「想像」的中共崩潰，香港、台灣、西藏、新疆、內蒙古可以相繼獨立是學術自由範疇的學術討論。但若真的是學術討論，奇怪的是就如戴先生本人所說「可能大部分學者思考（中共）會否崩潰，我思考是崩潰之後會如何」。

把研究集中在假設某一事件必然發生而揣測事件發生後的結果，但對這事件會否發生及會如何發生的重要前提不作研究，這是甚麼樣的學術研究？

做社會科學與歷史學術研究的人都會同意，事件因為甚麼原因發生及以何種方式發生，必然影響到事件發生後的後續結果。就如假設日本在二次大戰中，若不是因為被投了 2 顆原子彈後無條件投降，而是由美軍登陸日本，經過苦戰拉鋸，最終在談判下投降，日本肯定會堅持保留在朝鮮及在台灣的殖民統治權為投降的條件，同時也不會讓美國強行為她戰後立憲，成為了今天日本這並非完全主權的國家。日本二戰後若是有條件投降而非無條件投降，今天的東亞便不一樣。日本未投降前，不考慮日本在甚麼情況下投降，而想像日本投降後日本與她的鄰國會怎樣，是毫無意義的、也不學術的。

假若有一天中共真的要崩潰也一樣。嚴肅的學術研究會研究中共因為甚麼原因崩潰及如何崩潰。這種崩潰究竟是西方和平演變達至的崩潰、統治階層腐敗、社會秩序敗壞、政權無法繼續的崩潰，抑或是軍事政變與地方割據的崩潰？不同的崩潰原因與形式都會影響到後續的不同結果。

戴先生不研究中共會因何崩潰及會如何崩潰，而簡單集中如他自己所說「想像」中共崩潰後，台灣、西藏、新疆、內蒙古的獨立可以發生，香港獨立也可以是選項，那是甚麼樣的狗屁學術研究？眾多對他的批評，便是揭穿他那以學術討論包裝的個人「想像」，只是他個人對港獨樂觀其成的主觀願望「想像」。 把他本人的「想像」說成是學術討論，簡直是對嚴肅學術研究的侮辱。

在關乎國家統一與分裂這一嚴肅課題上，他有研究過若中共崩潰，香港、西藏、新疆、內蒙古的居民會同意獨立嗎？沒有，完全沒有。隨意發表這種信口開河「想像」出來的各地可因中共崩潰而相繼獨立的所謂學術討論結果，如果不是赤裸裸宣揚分裂中國的政治信念，還可以是甚麼？

香港有比西方社會更包容的言論自由，戴先生鼓吹港獨，反對他的人，沒奈他何。但可幸的是香港有充分的言論自由，可以讓反對戴先生的人大肆抨擊他的歪理。一眾支持戴先生的泛民人士也可以有充分的言論自由，批評抨擊戴先生的人為文革迫害，那是他們的言論自由。

戴先生及他的泛民支持者最大的問題，是他們往往以受迫害者的心態批評對他們批評的人。彷彿只有他們才配擁有完全的言論自由，彷彿他們表達的都全是正義的，反對他們的便是邪惡的。他們說甚麼做甚麼別人也無權表達意見對他們批評，任何人若是批評他們便是當權者的幫兇，這便是戴先生及他的泛民支持者的言論自由霸權邏輯 —— 他們說的便是維護言論自由，批評他們的便是侵犯言論自由的當權者的幫兇。

客觀的大多數意見是存在的，抨擊港獨是大多數人的意見，這些批評與抨擊並非如泛民政客所說的是當權者的幫兇。泛民口說反對港獨、不支持港獨、卻也不批評港獨，不等於別人無權猛烈批評港獨。同樣是言論自由，泛民這種把不合己意的言論便說成是強權打壓的言論自由霸權邏輯，可以欺騙大眾一時，但不能永遠如此欺騙羣眾。如果戴先生屢次在台灣發表的港獨學術討論是那麼的理直氣壯，那下次台灣若再有如 3 月份那樣的可以傳播港獨的研討會平台，看看那一個這次站出來大聲疾呼挺戴耀廷先生港獨言論的泛民立法會議員，有哪一位會去台灣參加，高調發表如同戴先生那樣的港獨研究學術討論報告，來維護他們口中的言論自由。

（原刊於 2018 年 5 月 20 日《亞洲週刊》）

篇後記：

從戴耀廷一直以來發表過的言論看，他是一個前後不一的夢囈機會主義者。他以「違法達義」的「公民抗命」為理論基礎在 2013 年發起「佔領中環」運動，信誓旦旦準備坐牢；到真正被捕送上法庭時，卻不再承認違法，官司打到終審法院。更令人大開眼界的是《港區國安法》出爐後，戴耀廷來了一個華麗轉身，不再提「違法達義」。改為再次夢囈說「『以法達義』」為『公民抗命』賦予正當性」。是不是等於說以前提「違法達義」是不正當的？他以「違法達義」為號召推動年輕人上街，讓不少人身陷牢獄，現在他自己卻把「違法達義」忘得一乾二淨了。

一個廢青變英雄的夢囈

2016 年農曆年初二，在旺角因部分本土派人士以保護街頭小販對抗執法的食環署人員及警察為名集會，引發街頭衝突，演變成暴動。當中「本土民主前線」前發言人梁天琦先生，在經過一個多月的審訊後，被陪審團裁定其中一項暴動罪成。在被裁定暴動罪成前，梁天琦已在今年 1 月提訊時承認一項襲警罪。

為這兩項定罪，梁天琦的代表大律師在向法庭求情的陳詞中，求情的主旋律仍然是處處為梁天琦推卸責任，意圖為前年年初二旺角發生的暴動參與其中的梁天琦的暴力行為辯解。同案中另一被定罪被告盧建民的代表大律師更竟然說「暴動是政治，暴動法律都是政治」的泛政治化歪論，將暴力行為合理化。意圖以政治理念為理由為赤裸裸的犯罪行為開脫。

代表梁天琦的大律師在法庭讀了包括英國國會議員及前香港立法會議員撰寫的 11 封求情信，當中很多都稱讚梁天琦是一個不會推卸責任的人。

梁天琦被讚譽為不會推卸責任，代表他的 41 歲的蔡維邦大律師更進一步演繹說，推卸責任的是蔡維邦大律師他那一代。他說他們「這一代的人（為政治理想）甚麼也沒做過……只顧努力工作為事業家庭打拼，如今已成為達官貴人、大醫生，貪圖逸樂，唔想後生仔搞亂香港。」他更稱現在發生的事都是他們那一代製造出來的。蔡大律師似乎在說成年的一代都是既得利益者，希望維持現狀，沒有為美好將來打拼；而梁天琦那一代的年輕人，才是為了爭取更美好世界而不卸責的一代。這種說法是以侮辱一整代人，來為一個人所犯的罪行尋求開脫。

其實稱讚梁天琦是一個不會推卸責任的人，大概就是因為他在之前的提訊中坦承了襲警罪。

但梁天琦自己承認襲警罪的背景是甚麼？是因為警方提供了他不能抵賴的證據，證明暴動當晚凌晨二時梁天琦以膠筒擲向一位姓文的警員，再以腳踢向倒地的文姓警員，並以木製卡板打向警員背部；導致該名警員左膝、右後背、右膝、左耳等受傷，造成百分之二永久傷殘。梁天琦在面對這樣充分和不可抵賴的證據下，能卸責不認罪嗎？

一般刑事案件，被告在被定罪後，代表他求情的大律師在求情時，都會先承認被定罪所犯的事情是不對，然後再講其他理由要求法官輕判。當然若然被定罪者根本對被裁定罪成的行為不認為是錯的或他準備上訴，代表他求情的大律師在求情時便不會提他被定罪的行為。如梁天琦這些政治高於一切、不為行為認錯、為爭取達至政治理想，甚而可以容忍暴力的辯解，便是近年不斷在香港法庭出自各同情這些暴徒的大律師口中的歪理。也因如此，主審法官彭寶琴便表明正在處理的是一宗涉及暴動罪的刑事案件，不接受辯方稱「暴動是政治」的說法。

公民黨前立法會議員吳靄儀大律師為梁天琦撰寫的求情信中，稱梁天琦不畏艱險、有深度及理性分析頭腦、懂得自我反省、忠於真實、不迴避結果和責任，稱讚梁天琦是她 30 年從政經驗中極少見的人才。其實稱讚梁天琦的，不單是吳靄儀；在梁天琦被裁定暴動罪後，更有個別媒體引用一部紀錄片中梁天琦曾說「我不是英雄」而以「廢青變英雄」的副題來說他是一眾支持者心中的英雄。

但梁天琦是如何走上「英雄」之路的？

在 2016 年農曆年初二旺角暴動前，梁天琦與現在已因旺角暴動潛逃的黃台仰，同為於 2015 年成立推動「港獨」的「本土民主前線」的發言人。

2016 年 1 月，因為新界東立法會議員湯家驊在 2015 年 10 月辭去立法會議員席位，須在 2016 年 2 月底舉行補選。梁天琦參與補選 ，並在 2016 年農曆年初二鼓動旺角街邊賣魚蛋的小販與警察對抗，作為其選舉補選的選舉工程，結果引發旺角大暴動。

梁天琦也因為 2016 年年初二旺角大暴動終成為了矚目的補選候選人，借旺角暴動的人氣，他在 2016 年 2 月底的新界東立法會議席補選中，一舉奪得了 15.38% 共 66 524 票的選票。雖然在單一議席的補選中落敗，但以這得票率，梁足以在 2016 年 9 月的立法會選舉中，在新界東的 9 個民選議席中按比例代表制穩奪一席。

當然，到後來 2016 年 9 月的立法會選舉中，梁天琦被選舉主任裁定他主張和推動香港獨立，因而被取消參選資格。

從廢青變成英雄，被定罪後為他撰寫求情信的人捧他為不畏艱險、有深度、有理性、忠於真實和懂自我反省的罕見人才。但究竟梁天琦又是怎樣看自己的？

2016 年 8 月，主張香港獨立的「民族黨」在香港特區政府總部外的添馬公園舉行集會，當時梁天琦剛被取消參選 9 月的立法會選舉的資格。梁天琦在集會中發言，是這樣形容自己的[3]：

一年前我只不過係一個社會上完全冇人知我係乜嘢人、我亦都唔知道我喺社會上應該擔當乜嘢角色嘅一個廢青。有邊一個人會諗到一年之後，呢一個廢青會成為一個被政府剝削政治權利嘅香港人。有邊一個人會諗到一年之後，呢一個廢青係曾經距離呢一個夢想只有一步之遙。

在這段話中，梁天琦所說的一步之遙是甚麼？是通過選舉進入立法會成為立法會議員。只是在入局一步之遙的距離中他因他的港獨立場被取消了參選資格。他熱衷的似乎並不是要推翻建制尋求香港獨立，而是熱切要加入建制。

在他的發言中，梁天琦是這樣理解香港特區政府與「港獨」的本質的。他在背景掛着「香港獨立」4 個大字的講台上這樣說：

追求（背景掛着）呢 4 隻大字，我哋講緊嘅就係要奪權。我哋要攞返呢個社會上應有嘅權利。……面對一個獨裁政府應該點樣？革命。

對於革命奪權。他這樣說：

3　香港大學學生會「學苑」即時新聞，2016 年 8 月 5 日。

> 革命本身就係講緊一個社會結構，權力分配，一個根本性嘅改變，一個從下而上嘅改變。一個從上而下嘅改變，其實係代表一個改革；而一個從下而上嘅改變就係革命。嗷大家諗下，今時今日你哋仲會唔會奢求中國、香港特區政府從上而下改革？仲會唔會相信佢哋會畀我哋有民主？畀我哋有自由？冇可能。所以話我哋必須要革命。

他說：

> 政府嘅本質就係一個暴力嘅機構，當我哋做嘅事唔符合政府所諗，唔符合政府、當權者嘅方向，佢就會用暴力嚟打壓我哋。………對住一個暴力嘅機構，我哋唔可以仁慈，唔可以懦弱，亦都唔可以再同佢講乜嘢仁義道德。呢一個政府根本就係一個無賴嘅政府，無賴嘅政權。中國就係一個無賴嘅國家，你同佢講仁義道德做乜鬼嘢吖。佢要做無賴嘅，當然有好多人唔想做無賴啦，包括我自己，但係如果呢個係一個必要嘅方法去推翻呢個政府嘅話，我願意做呢個無賴。

從梁天琦近乎夢囈的發言中，可以看出他的前後矛盾，並非一些為他撰寫求情信的人所說的是一個有深度及理性分析的人。他一方面熱衷進入建制當立法會議員，另一方面卻不斷說要革命奪權推翻這政府，甚而為此而甘願做一個無賴。究竟他是一個為嗜權而甘願做無賴的機會主義者、還是一個為崇高政治理念而推動革命的理想主義者？他自己也說不清楚。

為推翻政府而甘願做無賴可以說是不擇手段。梁天琦所說的不單代表他個人，這種認為真理在手便可以不擇手段的想法，廣泛存在年輕人當中。問題是他們所想的真的是真理嗎？香港特區政府真的是如梁天琦所說的是無賴政府、無賴政權嗎？中國真的是無賴國家嗎？特區政府與中國政府對梁天琦、對香港人做過了一些甚麼的無賴事了？激昂的言詞掩飾不了他的思想混亂。看來，為梁天琦撰寫求情信的有頭面人物不是過譽了他、便是寫信的人根本並不誠實，也是這些不誠實的人不直斥尋求「港獨」的荒謬，間接地不斷地鼓勵年輕人走進這思想混亂的死胡同。

港獨派的不擇手段，突顯了香港警隊的專業。

旺角暴動在 2016 年初發生，當時梁天琦正參選立法會新界東補選。無論法庭最終怎樣判斷梁天琦在旺角街頭暴動的角色，事實是梁天琦挾旺角暴動的餘威，在 2016 年 2 月底的立法會新界東補選中，藉着旺角暴動從一個廢青變成英雄的高人氣，取得超過 15% 選民的信任。但補選投票時，沒有人知道他是在暴動中曾經腳踢及以卡板攻擊一位已倒在地上的警察的其中一名暴徒。這一事實直至他被帶上法庭才被公開，而他也在證據確鑿、沒法抵賴的情況被逼「不推卸責任」地承認了襲警罪。

假若在補選時新界東的選民已知道了他在旺角暴動中的凶悍行為，他還可能拿下超過 15% 的選票嗎？

在旺角暴動案今年開審前，警隊及政府從沒有洩露梁天琦在 2016 年初的犯罪事實，反映了香港警隊並非如那些廢青所說的是黑警，而是公正專業的執法隊伍。有一支如此公正專業警隊的政府會是一個暴力機構、一個獨裁政府、一個無賴政權嗎？

為梁天琦寫求情信的社會翹楚，應該要做的是誠實及認真地告訴梁天琦及他的支持者，不要繼續在他們自己構建的夢囈世界中沉睡不醒了。

（原刊於 2018 年 6 月 17 日《亞洲週刊》）

篇後記：

梁天琦作為一個受過那麼高教育的人，竟然誤入歧途發出港獨夢囈固然可悲；但更令人覺得既可笑也憤怒的是那些口不擇言的大律師。假髮長袍，一臉智慧與正義的公義守護者，竟然在法庭是滿口胡言。如果這些大律師代表了香港的法治，那香港的法治確實是岌岌可危。

窮爸爸的「冬菇亭」與富爸爸的私人會所

本土記憶是成長中的記憶，本土記憶很多時候只是成長中某一階段某一刻發生過的事或某一個地方帶給人們的記憶；本土記憶甚而可以是簡單的一棟建築物、一間小店。本土記憶與政治無關，但當本土記憶沾上了政治，便可以是無限擴張的爭論。

1989 年夏天是很多港人的集體回憶。在 1989 年夏天「六四」前的個多月，香港有過無數次以萬計人參與的遊行。在 1989 年 5 月一次遊行中，一個記者在跑馬地一間會所馬路旁圍牆頂拍了一張很有趣的照片：照片一邊是烈日下會所圍牆外馬路上，擠滿了密麻麻汗流浹背的遊行人士；圍牆另一邊會所內，一個外籍人士悠閒地躺在會所的游泳池旁曬太陽。擠迫與休閒，成了強烈對比。

2000 至 2008 年任倫敦市長經濟顧問的親華英國左翼學者與經濟評論員、曾居住香港的約翰．羅斯 (John Ross) 形容英國成功的殖民地統治，其中一個伎倆是在殖民地建立一個買辦精英 (comprador elite) 階層，賦予這一細小階層某種特殊地位，容許他們加入純屬英國人的圈子，包括那些專為英國人特權享用而設立的會所，讓這小撮人享有某種特權，作為英國殖民地統治的代理人。

十九到二十世紀，英國為了鞏固殖民地統治，沒有例外地會在殖民地建立階級分明的社會。在香港，很多有幾十年乃至超過一個半世紀歷史、只供一小撮人特權享用、佔用珍貴地皮卻不用付地價或只交象徵式地租的「會所」，便是在這英殖民地時代階級分明的社會背景下建立起來的。1997 年中國恢復行使香港主權，英國殖民統治結束。英國人走了，殖民地時代遺留下來這些「會所」賦予的階級特權，卻在「一國兩制」下繼續由一小撮人享用，讓這一小撮人延續屬於他們那階級的本土記憶。

轉個頭來看看 1989 年在跑馬地會所圍牆外汗流浹背遊行的窮爸爸，遊行過後回到他們居住的屋邨，也許會帶同他們子女到屋邨裏開滿了一間又一間熟食店的「冬菇亭」晚飯，過他們那個階層酷熱的炎夏。

「六四」過去快 30 年，香港回歸 21 年。由幾十個有投票特權會員操控的跑馬地那所會所的幾百個包括政府高官與富商的富爸爸會員的子女，如同很多很多其他會所會員一樣，仍每星期到會所游泳、打球、用膳，以超低地租享用寸金尺土的大幅珍貴市區土地來延續屬於他們那階層的本土記憶。每天仍汗流浹背上班的窮爸爸，下班回到已開始殘舊的屋邨，發現屬於他們那階層的本土記憶 —— 陪伴他的子女成長的「冬菇亭」—— 正在被政府與領展以「土地更有效使用」為理由，迅速地一個又一個拆掉。

本土記憶本身並不政治，但捍衛本土記憶是政治，特別是在香港，本土記憶的爭論往往隱含了更深層次的矛盾 —— 階級矛盾。對草根階層來說，「冬菇亭」一個一個被拆掉的香港，是一個讓草根階層不斷失掉兒時記憶的城市。「冬菇亭」只是一個例子、一個象徵。草根本土的憤怒，在過去 10 多 20 年之所以如此澎湃，主因便是對草根階層來說，陪伴草根階層成長的本土記憶在不斷地被強行抹掉。

過去的香港之所以能存在不同階層的本土文化，原因是不同的人都各不相干低調地保有自己的習慣與方式，誰也不去改變誰。今天，特權殖民統治階層走了，取而代之的是本地小撮特權階層在「一國兩制」掩護下，傳承維護了階級分明的殖民地時代遺留下來屬於他們那階層的本土特權。但同一時間，富有的地產商、外國資本卻正在以其經濟上的優勢，強行摧毀剝奪了很多草根香港人的本土記憶。佔地 172 公頃的粉嶺高爾夫球場，突顯的便是只屬於小撮人的本土特權。窮爸爸不明白的是小小的「冬菇亭」可以毫不留戀一個個拆掉，為甚麼 172 公頃的土地不可以動分毫？除了告訴全世界那是殖民地時代遺留下來的特權，172 公頃土地廉價供一小撮人使用，為香港保留了甚麼珍貴的特色？為甚麼動也不能動？

在深水灣高爾夫球會對面，有一個已有超過 150 年歷史的會所，簡陋的建築佔據了海邊一角的海灘，會所海灘那邊入口掛上一個 “Members Only” 告示牌。在香港珍貴的海岸線，存在一個只有幾百會員、同樣階級分明地由幾十個有投票特權會員操控的私人會所，在深水灣一角可以佔有一個私人海灘，專供為數很少的富爸爸使用而沒有人吵鬧，住在連每天帶同子女吃早餐的「冬菇亭」也被拆掉的屋邨的窮爸爸，真的完全不明白。

窮爸爸帶同子女在「冬菇亭」吃早餐，是草根階層的本土記憶；富爸爸帶同子女每周在私人會所游泳與打球，是另一階層的本土記憶。窮爸爸的本土記憶不斷無情地被抹掉，富爸爸的本土記憶完全不用付應付的代價而獲保留。

也許，保留不同階層的本土記憶，最好的方法是誰也不去動誰的。也許，100 年前或大半個世紀前，當土地並不值錢的時候，誰也不去動誰是可能的；但當土地珍貴，「冬菇亭」可以以「土地更好運用」為理由，毫不珍惜地一個個被拆掉的時候，佔地 172 公頃的高爾夫球場珍貴土地，為甚麼不可以以同一理由被移動？市中心一個個私人會所只有幾百會員使用的珍貴地段，為甚麼不應該被移動？

當草根的本土記憶因草根階層經濟上的劣勢而不斷被強行抹掉的時候，對於那另一個階層仍然可以不用付出應付代價，享受殖民地時代遺留下來具濃厚階級色彩的本土特色特權來說，土地大辯論已把潘朵拉盒子打開。

當無論政府、房委會或房協都在精準地計算他們售出只有幾百呎的公營房屋應向普羅大眾收取應付的地價時，只屬於小撮人的本土記憶卻可以藉「一國兩制」之名在政府包庇下，繼續由小撮特權階層人士不用付出應付代價，沒完沒了地佔用大幅珍貴土地低調安靜地存在。毫無疑問，這已變成了一種無可饒恕的罪惡。

（原刊於 2018 年 7 月 17 日《明報》）

享受殖民地統治餘蔭的 FCC

不久前香港特區政府引用《社團條例》取締一直鼓吹香港獨立的「香港民族黨」，就在港府啟動有關的取締行動時，該黨召集人陳浩天獲香港外國記者會（Foreign Correspondents' Club，簡稱FCC）邀請到該會在中環會址作午餐例會專題演講，陳在會上發表了以〈香港民族主義：中國管治下的政治不正確指南〉為題的20分鐘演講。

對於外國記者會容許陳浩天在該會會址的午餐會發表推動港獨的演講，中國外交部駐港特派員公署發出措辭嚴厲的聲明，指香港民族黨挑戰國家安全和領土完整，嚴重違反憲法、《基本法》和香港有關法律。外交部駐港公署的聲明並指摘外國記者會為港獨分子搭台造勢，嚴重傷害中國人民感情，是濫用言論新聞自由。

對於陳浩天的午餐例會演講，港府署理行政長官張建宗重申對事件極度遺憾；但指出焦點不應該放在外國記者會。

從張建宗的表態，現屆特區政府似乎刻意淡化外國記者會在陳浩天以專題演講宣揚港獨所扮演的角色。但前任香港特首梁振英，對使用佔地 18 000 呎位於雪廠街與下亞厘畢道交界，屬於政府物業為其會址與會所的外國記者會，為陳浩天提供宣揚港獨平台不以為然；他質疑雪廠街物業是政府物業，未經公開招標、以低於市價租金租給外國記者會，外國記者會以屬於政府物業的雪廠街會所，為宣揚港獨提供平台，並不恰當。

除了行政會議成員之外的全體建制派立法會議員，亦促請政府收回外國記者會會址。對於外界的指責，外國記者會第一副主席馬凱（Victor Mallet）在陳浩天演說後表示，外國記者會會繼續邀請不同政治立場的人演說，這不代表該會支持或反對有關意見；他強調公眾有言論自由，形容言論和新聞自由是外國記者會的底線。

有支持外國記者會的團體指出，根據目前政府與外國記者會訂立的 7 年租約，外國記者會須為使用雪廠街會址每月付給政府 58 萬港元（折合約 74 000 美元）的租金，是市值租金。

一場外國記者會邀請陳浩天到午餐會的演講，由不容宣揚港獨對決言論自由，演化出另一爭論，那便是究竟政府應否讓為宣揚港獨者提供平台的外國記者會，無需通過公開招標，便以低於市值租金，繼續佔用屬於政府的雪廠街物業作為該會會址。

外國記者會的雪廠街會所原為牛奶公司舊址，為香港政府擁有，屬於歷史建築。外國記者會佔用的雪廠街會所整棟 3 層歷史建築共 18 000 呎，會所內的設施包括大堂酒吧、爵士樂酒吧、中西餐廳和舉辦活動的多功能室。究竟 58 萬元月租金是否是市值租金，單看看一街之隔的蘭桂坊，58 萬元月租連一個 3 000 呎的舖位也租不到，便可見端倪。

外國記者會自稱有超過 2 000 會員。該會網站顯示會員除了入會費外，每月須繳交月費 1 100 元，單是會員月費收入每月已超過 200 萬元。政府不經公開招標以 58 萬元月租提供一個

18 000 呎的場地，讓外國記者會有客觀硬件條件吸收大批付費會員，不能否認的是政府對該會的特殊照顧。

不知道外國記者會的超過 2 000 會員之中，有多少是記者。但可以看到的是流連於外國記者會會所的，不乏律師、大律師、會計師、專業人士與上市公司高層。外國記者會把自己的會所定位為「全球最好的社交會所之一」(one of the world's finest social clubs)，這所全球最好社交會所之一也成了這些專業人士與上市公司高層的聚腳地。撇開了外國記者會作為記者組織的政治背景，外國記者會在雪廠街會所的營運，便是不折不扣以盈利為目的的私人會所營運方式。

本質上，外國記者會付出低於市值租金佔用政府物業營運只供會員使用的社交會所，就如許多香港以象徵性地價佔用政府土地的私人會所一樣，是殖民地時代殖民地政府給予某些特權羣體、遺留至今完全埋沒社會公平與社會公義的利益輸送特權安排，是香港獨有畸型現象。

外國記者會在自己網站闡述的歷史中寫道，該會 1943 年中日戰爭期間在重慶成立，之後輾轉搬遷到南京、上海，然後在 1949 年遷到香港。會史說，該會早年是一個沒有政府支持的純記者組織，租用私人物業為會址，到處搬遷，經濟也極為拮据。雖然曾在 1950 年代自置物業，後來也賣掉。至 1960 年代初，沒有政府支持的外國記者會曾經經歷入不敷支、會員不斷退會的困境。

1979 年港督麥理浩訪問北京，知道中國必然會在 1997 年收回香港主權。他於 1981 年離任前，同意將政府擁有、屬於歷史建築的雪廠街舊牛奶公司物業，以象徵性租金租給外國記者會。外國記者會的會史也形容該會使用雪廠街物業為會址 30 多年的故事，便是該會與歷任港督與特區政府特首的關係的故事。

自 1982 年 11 月起外國記者會開始使用雪廠街物業為會址及會所，時任港督尤德爵士被外國記者會授予編號為第一號的會員；之後殖民地政府接任的 2 位港督衛奕信爵士及因政改問題被中方視為「千古罪人」的彭定康，也被外國記者會授予會員編號第一號。

中國恢復行使香港主權後，首任特首董建華並非外國記者會會員，他沒有獲授予編號第一號會員身分。外國記者會將他父親（已故董浩雲）當年的會員編號授予董建華，讓董建華感動回憶。

另一位特首梁振英曾在 1977 年一段短時間是外國記者會的會員，他就任特首後，外國記者會曾將他以前的會員編號授予給他，但被他退回。

外國記者會的會史中沒有說明另外兩位特首曾蔭權爵士和林鄭月娥是否該會的編號第一號會員，但表示在 2007 、 2008 年政府與該會重新商討租約時，時任發展局局長的林鄭月娥是外國記者會的支持者。

外國記者會會史記錄了該會與政府最高層的密切關係，顯示該會着意拉攏政府高層，所反映的正是殖民地時代遺留下來，很多通過某種不言而喻的利益輸送而享有特權的各種會所都使用的伎倆。這些含體育設施的會所使用的都是政府土地，外國記者會不含體育設施租用政府物業而非土地是特例。

特區政府審計署在 2013 年的一個詳盡報告中顯示，截至

2013 年 3 月 31 日，在香港有 27 個含康樂體育設施同類型的會所獲政府批准以象徵性地價使用政府土地，營運招收收費會員。27 個會所遍佈香港、九龍及新界，差不多每區都有，共佔用政府土地 425.7 公頃，但享用這樣大面積政府土地的 27 個私人會所總會員人數只有 11 萬 8 000 人。而其中佔地 170.6 公頃的粉嶺高爾夫球場，聯同在南區佔地 6.7 公頃的高爾夫球場，兩個高爾夫球會會所共佔用政府土地 176.7 公頃，才只有 2 498 名會員，而須付給政府地價，只是象徵性的 1 000 元。

以象徵性地價佔用屬於公共資源的政府土地，只供少數能成為這些會所會員的特權羣體使用，在殖民地時代，是殖民地政府為鞏固殖民統治而對某一階層的人提供特權以便籠絡，可以理解。但殖民地統治結束了超過 20 年，仍然可以容許這種特權廣泛存在，使人費解、也叫人憤怒。

沒有經過公開招標便連續 36 年以低於市值租金租用中環市中心屬於政府物業的整幢歷史建築，廣收收費會員，營運為「亞洲最好的社交會所之一」的外國記者會，便是這種殖民地時代延續至今給予個別羣體特權的其中之一。

這種特權可以歷久不衰，即使殖民地統治終結仍然如是，離不開的便是如同外國記者會會史提及這些會所與政府的關係。當中最重要的伎倆就是拉攏政府高官。因而這些特權羣體的高級會所到處不乏政府高官的身影。

外交部駐港特派員公署在指摘外國記者會時指出，請誰演講為誰提供平台本身就是一種立場，並指出不容許港獨勢力和外國記者會「踩紅線、越底線」。眾所周知殖民地時代，港英政府對挑戰英國管治的鼓吹港獨者，進行迫害絕不手軟。要問的是：殖民地時代，外國記者會有踩港英政府的紅線邀請鼓吹港獨人士進行午餐例會演講嗎？

特區時代，外國記者會邀請鼓吹港獨的陳浩天到該會作午餐演講，以堅持言論自由為護身符，沒有人可以挑戰。但外國記者會邀請陳浩天演講，揭開的潘朵拉盒子是政府 36 年來違反公平公義，低價私相授受貴重政府物業給外國記者會使用。現在可以挑戰也必須挑戰的便是這執行了 36 年的不公平不公義舉措，就如已有團體不斷挑戰政府以象徵性地價，利益輸送給那些殖民地時代遺留下來的特權私人會所。

在外國記者會使用雪廠街物業現租約於 2023 年初期滿時，特區政府必須向公眾展示堅持言論自由的同時，也要告別殖民地特權，堅持公平公義，停止私相授受優待外國記者會，將雪廠街物業收回公開招標，讓其他團體與私人企業也有機會投標使用。

（原刊於 2018 年 9 月 9 日《亞洲週刊》）